U0548101

本书系北京市新闻传播学高精尖学科建设专项研究成果

SHUZI CHUBAN
CHUANBO YU YINGYONG

数字出版传播与应用

陈丹　周卓◎主编

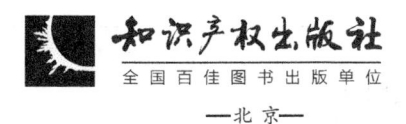

知识产权出版社
全国百佳图书出版单位
—北京—

图书在版编目（CIP）数据

数字出版传播与应用/陈丹,周卓主编. —北京：知识产权出版社,2021.4
ISBN 978-7-5130-7423-0

Ⅰ.①数… Ⅱ.①陈… ②周… Ⅲ.①电子出版物-出版工作-文集 Ⅳ.①G237.6-53

中国版本图书馆 CIP 数据核字（2021）第 082270 号

内容提要

随着以信息技术为代表的现代科学技术的普及与应用，我国出版业正在经历着从数字化转型升级到深入融合发展的变革期。出版业态也经历了传统出版、数字化出版、数据化出版、信息化出版、知识化出版等几个阶段。本书从北京印刷学院学者在《中国出版》《中国编辑》《科技与出版》等中文核心期刊近三年发表的数字出版研究论文中精选了 17 篇代表性成果，聚焦国内外数字出版研究和行业实践前沿，关注数字出版行业的现状和发展，力图呈现开放性研究观点和多元化研究方法，揭示数字出版领域的深刻变革。本书分为"数字出版技术研究""数字阅读研究""数字出版产业研究""数字出版业务模式研究"四大板块，适合出版领域相关人员阅读使用。

责任编辑：李海波　　　　　　　　责任印制：孙婷婷

数字出版传播与应用
SHUZI CHUBAN CHUANBO YU YINGYONG

陈丹　周卓　主编

出版发行	知识产权出版社有限责任公司	网　　址	http://www.ipph.cn
电　　话	010-82004826		http://www.laichushu.com
社　　址	北京市海淀区气象路 50 号院	邮　　编	100081
责编电话	010-82000860 转 8582	责编邮箱	lihaibo@cnipr.com
发行电话	010-82000860 转 8101	发行传真	010-82000893
印　　刷	北京中献拓方科技发展有限公司	经　　销	各大网上书店、新华书店及相关专业书店
开　　本	720mm×1000mm　1/16	印　　张	11.25
版　　次	2021 年 4 月第 1 版	印　　次	2021 年 4 月第 1 次印刷
字　　数	190 千字	定　　价	58.00 元

ISBN 978-7-5130-7423-0

出版权专有　侵权必究
如有印装质量问题，本社负责调换。

目 录

数字出版技术研究

出版人工智能：概念内涵、价值指向与实践路径
………………………………………………… 罗学科 黄 莹 3
人工智能对阅读产业的多重影响
………………………………………………… 刘 阳 谷 征 12

数字阅读研究

智能阅读特征及其行为研究
………………………………………………… 陈 丹 李桑羽 25
数字阅读负面影响治理研究：难点·遵循·路径
………………………………………………… 周 斌 35
在线有声读物平台用户行为影响因素探析
——基于技术接受模型的实证研究
………………………………………………… 魏志鹏 张 丽 45
智能交互有声阅读价值内涵、内容体系及优化路径探析
………………………………………………… 黄 莹 郭巧敏 55
传统出版社在数字化阅读发展中的主导作用
………………………………………………… 韩江雪 叶文芳 63

数字出版产业研究

对融合发展本质与路径的一些思考
.... 郝振省 汤雪梅 宋嘉庚 73

数字时代法国出版的文化保护与传播
.... 唐姝菲 孙万军 85

融媒体视域下视频书的出版创新研究
.... 崔恒勇 94

数据出版的功能、应用、流程与未来
.... 衣彩天 100

即时、伴生、交互、联动：终端侧智能出版创新
.... 崔恒勇 高正熙 115

数字出版业务模式研究

抖音迷：嵌入在知识生产与数字化生活中的流量生成
.... 常 昕 125

出版融合载体
——现代纸书的知识服务模式探析
.... 高 萍 张晓曼 134

学术期刊开展知识付费的机遇、困境与策略
.... 姚惟怡 张 聪 141

基于动漫 IP 的数字出版跨媒体模式发展研究
.... 袁 萱 156

提升高校出版社专业类融合教材建设的探讨
.... 龚兴桂 刘华坤 166

数字出版技术研究

出版人工智能：概念内涵、价值指向与实践路径*

罗学科　黄莹

摘　要：以知识挖掘为代表的人工智能技术将带来出版业生产工具的智能化，实现产业内生产关系和生产流程的重构。基于知识与服务两大要素探讨出版业智能化转型的方向，从生产侧提质增效和消费侧价值洞悉的双视角探索出版人工智能的实践路径，并从底层、核心功能层和业务层探索建构出版产业智能化的方法论，这将有助于实现出版机构从内容供给商向供给侧与需求侧双向链接的智能服务商转型。出版业承担着传播社会主义核心价值观的内在功能和时代诉求，对人工智能应用的数据安全、文化安全等需要有效监管，以实现出版业新旧动能的转换和高质量发展。

关键词：出版；人工智能；融合出版；出版业转型

随着以算力、算法、大数据为基石的人工智能成为"新基建"的驱动引擎，数字经济正进化到以人工智能为核心驱动力的智能经济新阶段。2019年3月召开的中央全面深化改革委员会第七次会议审议通过了《关于促进人工智能和实体经济深度融合的指导意见》。会议指出，促进人工智能和实体经济深度融合，要把握新一代人工智能发展的特点，坚持以市场需求为导向，以产业应用为目标，深化改革创新，优化制度环境，激发企业创新活力和内生动力，结合不同行业、不同区域特点，探索创新成果应用转化的路径和方法，构建数据驱动、人机协同、跨界融合、共创分享的智能经济形态[1]。

从提供知识信息到引导辅助决策，人工智能作为一种通用技术正在向人类日常生活的所有领域渗透。因此，我们讨论任何社会问题，都不能脱

---

* 本文发表于《中国出版》2021年第2期。

离这样一个宏观背景，出版问题更不能例外。一方面，纵观通信技术与出版产业的发展历程，历次通信技术的革新都会颠覆出版产业现存模式，带来流程再造和革新生态体系。互联网快速发展的 20 多年来，出版业走过了基础软硬件的配置、知识资源数字化的过程，并通过 IT 系统沉淀了丰富的业务资源，这无疑是下一步智能化升级建设的基础。另一方面，文化出版事业以知识传承、知识创新和价值创造为使命，承载着传播社会主流价值的功能属性，在与技术创新的跨界融合中，不能忽略人工智能应用中的伦理与价值观导向。

本文尝试提出"出版人工智能"这一概念，并厘清其内涵、价值指向，将知识、服务两大要素纳入转型升级的框架，探讨人工智能在出版领域应用的多样性、层次性、动态性和适应性。研究从供给侧和需求侧的维度入手，分析出版智能化转型升级的创新路径，探索出版行业高质量发展新动能、新空间、新范式，展望智能经济下的出版行业产业转型的新图景。

一、出版人工智能：概念内涵与价值指向

深度学习、知识挖掘无疑代表着人工智能技术的发展前沿，以知识挖掘为代表的人工智能技术将带来出版业生产工具的智能化，实现产业内生产关系和生产流程的重构[2]。

首先，通过文本分析、自然语义分析、机器学习、人工干预等方式，以知识挖掘为代表的人工智能技术可以在出版领域深入应用，实现知识库的不断循环更新。从知识网络的构建、知识库的生产（显性知识的收集、隐性知识的显化）、新知识的自主形成、知识的解释与评价带来知识库不断循环更新，进而形成一系列知识成果（图1）。这不仅带来了知识点的打碎、解体、剥离，还实现了知识与知识之间的关联、重组，并挖掘出知识间可见与不可见关系的呈现；关联之后产生关键连接点、将重组后的知识交付给用户。同时，人工智能通过自主感知和自主学习，自主生成不同来源和不同结构的知识，并自主适应场景和自主解决问题。

知识网络的构建 → 显性知识的收集 → 隐性知识的显化 → 新知识的自主形成 → 知识的解释与评价 → 知识库不断循环更新

图 1　知识挖掘流程图

其次，基于智能技术驱动的知识挖掘使知识表达和知识服务发生变革，提供以用户需求为驱动的个性化、多样化、高效化的内容样态和产品体系，并实现知识内容的载体与终端、应用场景的智能化适配。

基于此，笔者认为，出版人工智能是以知识作为生产要素，以基于人工智能的知识挖掘为核心技术，带来新知识的自主形成和规模化使用，并实现人工智能技术在出版领域应用的系统工程。出版人工智能具有快速性、迭代性、自主性、定制化、交互性、系统性等特点，将带来出版行业生产、交互、体验和载体的革新。

快速性意味着利用智能分析和知识挖掘加速新知识的诞生，挖掘显性和隐性知识；提高内容筛选效率、质量内容的审核把关和知识的转化。在出版等文化产业的生产环节，人工智能可以快速胜任数据库和素材库建设、题材拟定和选择、辅助或独立创作、内容改编、审核校对、载体转化等工作。

迭代性则是指迭代用户知识需求的预判和诊断，动态反馈用户需求的个性化需求并优化匹配，解决出版业效率衰减的问题，建立服务闭环。用户在内容消费的同时，大量的行为数据和命令都会被系统学习并不断修正，通过深度学习技术，系统会根据细分场景下的用户共性需求与行为特征，以及每个用户的个性化需求不断迭代用户知识需求的预判和诊断，精准定义并且准确满足当下场景下的用户需求。

自主性是指随着数据沉淀越来越丰富，在感知、认知、决策过程中，机器将越来越自主地做出最优选择和快速判断。智能技术将不仅能执行精确定义的任务，而且可以基于语义识别、情感计算等技术理解人的需求并给出解决方案。

一个深度个性化的阅读时代正在到来，兴趣优先、注重体验与个体价值的展现正在成为用户的核心需求。定制化意味着通过大数据技术，阅读中的生产行为和反馈与兴趣偏向已实现双向打通，可以实时动态修正内容供给，将内容生产带入颗粒度更细、维度更立体的时代。

交互性则意味着，基于语音技术的完整高效的对话技能、对话流和知识建设能力，人机交互将更自然、更好地服务用户。目前，基于人工智能的问答和语音交互阅读技术已运用到出版领域。例如，国内的小爱同学和小度同学、国外的亚马逊智能音箱，可以实现语音自定义交互，让机器听得懂读者需求，直接反馈用户想看的书并实现交互式聊天。

系统性是指在技术层级和应用层级、生产逻辑、管理机制和组织形式上需要建立一套体系。人工智能的应用将使得流程间的边界不再清晰，因此行业必须重新思考生产力的优化和生产关系的构建，尤其是技术与非技术要素的融合。

世界经济正处于从信息经济向知识经济转型的关键时期，知识经济转化的核心是以数据为驱动，实现知识的自主形成和规模化利用，以转型升级实现数字化、网络化、云化、智能化的知识经济系统[3]。因此，以知识挖掘为代表的人工智能技术将使得出版企业实现从垂直化的内容供给商到匹配内容供给与消费两端的智能服务商的转型升级[4]。

二、出版人工智能的实践路径

出版人工智能的价值机理是人工智能嵌入出版文化产业价值链的体系重塑，是供应侧和需求侧的效能创新与多重优化。出版领域的供应链、产业链、价值网的关系会因知识流、智能流与生态因素而动态调整。

基于出版人工智能的思路，笔者认为，出版行业可以在生产侧、消费侧进行智能化转型，对全生态链业务、管理与服务进行重构，构建扁平化和协同化的出版人工智能系统，进而实现供需对接、产销交互（图2）。

1. 生产侧提质增效：搭建"知识生产超级编辑部"

在出版传媒领域，知识的数据化程度越来越高，人工智能的运用可以实现知识的组织、知识的生产、新知识的自主生成和知识的多样化应用。目前，人工智能技术在辅助内容创作、提升内容制作效率、创新交互形式等方面深入结合，如新华社的第一位机器人记者"快笔小新"、腾讯的写稿机器人Dreamwriter、第一财经的"DT稿王"等。

因此，出版行业应从技术底层、核心功能层和业务层实现生产的智能化转型。基于知识图谱、自然语言处理、多模态语义理解、智能搜索与推荐等AI核心技术搭建知识生产超级编辑部，升级审校、写作、编辑、甄选等环节。知识生产超级编辑部在底层对接各种不同来源和形式的数据；核心功能层为出版机构提供知识生产、知识加工、知识应用能力；上层支持不同业务环节和板块，包括智能审校、智能写作、智能编辑、创建行业知识数据库等功能。通过知识计算、关联、重组，提高知识数据的关联性，构建有序的、相关联的知识图谱，实现知识的协同创新和价值最大化。

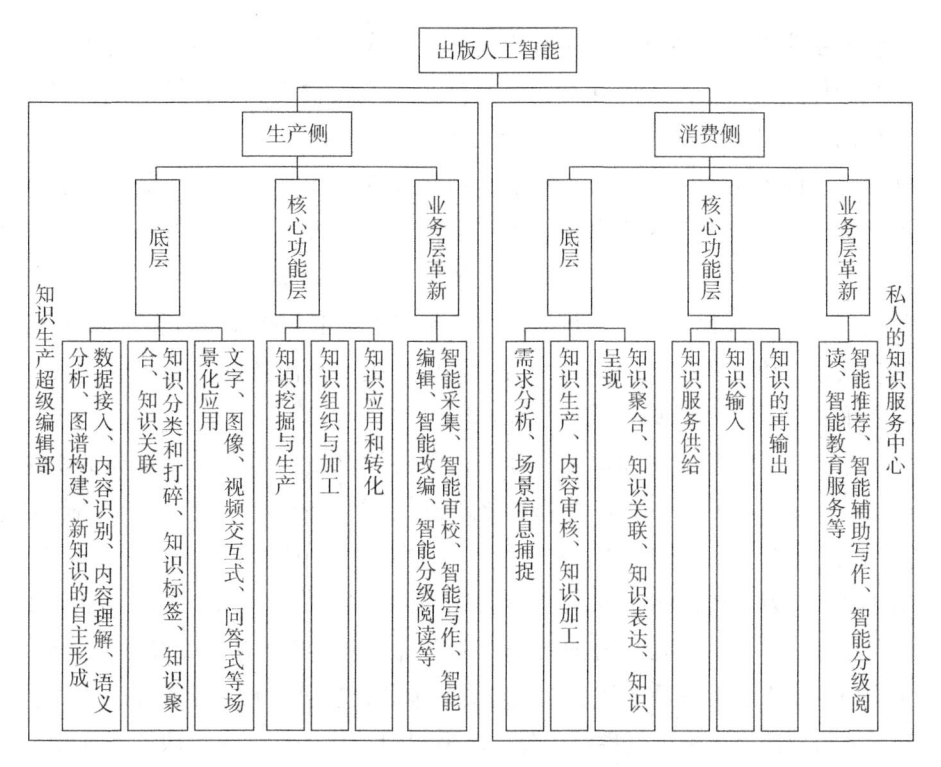

图2 出版人工智能的实践路径

第一，在智能审校层面，智能审校系统为创作、编辑、审核、发布等各环节的人员提供辅助的内容审核及校对服务，确保文化传播安全。基于自然语言处理和深度迁移学习技术，出版机构可利用依据行业规范、标准和业务知识搭建智能审校解决方案，并根据分词结果及当前词条的上下文语义关系，自动识别出知识点并创建索引，有效提升校对质量及审稿效率，确保内容安全生产[5]。同时，人工智能系统可以快速对文字、语音、图像、视频等内容进行审查鉴定，以及与侵权案例进行大数据分析比对，筛除存在思想、道德、政治等问题的内容。

第二，在智能写作上，人工智能可以根据主题主动采集内容数据，对内容数据进行自动化的鉴定、审核与筛选，智能分类聚合；同时，人工智能可通过信源控制和语义分析，防止不良内容传播。未来的智媒时代，人工智能将打破传统内容生产流程的桎梏，实现完全智能化内容创作、跨媒体语义理解和多媒体内容精细编辑。智能写作目前主要运用于大型互联网平台和主流媒体的某个业务场景中，并在重大突发事件的报道中起到不可或缺的作用。例如，2017年8月8日四川九寨沟发生7.0级地震后，机器人仅用时25秒就通过中国地震台网官方微信平台率先向全球推送地震信息。此外，在内容生产领域，人工智能的应用正在催生文化行业的新形态，如人工智能文学、人工智能影视、人工智能音乐、人工智能游戏等，尤其是创意性创作。例如，人工智能机器人微软"小冰"通过"学习"近100年间中国现代诗人数万首诗歌作品和400年艺术史上200多位人类画家画作，实现文本、语音和视觉的内容生成，先后出版了现代诗集《阳光失了玻璃窗》和原创绘画作品集《或然世界》[6]。

第三，在智能编辑和智能推荐上，机器学习技术实现内容摘要的快速生成。例如，在网络小说IP的影视化改编中，过往的流程是影视文学编辑需要以人工的方式先看完小说，并分析改成电视剧、网剧或者动画片的可能性；对于动辄千万字的网络小说，这一过程工作繁重、费时费力。但是现在基于深度学习技术，机器在短短的几十分钟内就可以将书中的几十位主要人物、上百位次要人物的关系图谱、人生节点、情感连接进行可视化输出。人工智能技术可以执行大量重复性的工作，之后再由编辑去阅读重点段落，实现以人工智能优选文化IP并快速辅助其产权交易和开发利用，提升效率，带来IP消费的延伸和优化，挖掘知识IP的数据价值。这些能够极大地丰富文化产品供给，能够创造出超现实的虚拟世界、超物理的文化景观、超想象的文化体验，进而有效地刺激文化消费需求，拓展文化消费市场[7]。

第四，基于知识挖掘技术，人工智能应用可以赋能出版业挖掘沉淀多年的数据价值，积极打造开放性行业数据库和知识库。基于知识图谱构建能力，出版机构可将散落在所有出版物里的知识集纳、整理，关联并形成体系，提高可解释推理的知识应用能力，最大限度地发挥知识效能。例如，深度挖掘各类金融数据的潜在关联与风险模式及法律行业和医疗行业的知识资源，提升金融机构抵御风险的能力、辅助审判和辅助诊断；优化出版业资源配置，增多创新外溢、加快转型升级。

2. 消费侧价值洞悉："私人的知识服务中心"转型

作为出版产业的价值实现层，消费侧离不开对用户体验、使用和反馈的认知。AI的本质是对人的理解，是从根本上发掘、调动人的智能效用，推动人的成长和创造，连接内容与服务，实现知识的传播与再生产。因此，出版人工智能应打通用户需求和知识服务间的通道，形成完整消费数据闭环和深刻的消费者洞察，消弭出版社与用户之间的链接障碍，实现对供给侧的反向推动。

如图2所示，出版人工智能可以"私人的知识服务中心"为转型导向，实现消费侧的价值最大化。一方面，在底层通过用户需求动态分析、场景捕捉等向用户输出个性化、精准化的知识服务；另一方面，通过大数据采集系统，对接用户即时反馈和自生成的信息，进行知识再生产、加工和转化。同时，在生产工具的赋能下，依托智能化平台为用户提供知识聚合、知识关联、知识表达和知识呈现等服务，帮助每一位用户成为知识的创造者和贡献者，实现知识领域的良性循环。

未来，人工智能在消费侧有更深入的应用空间。

第一，借助人工智能快速精准地分析消费者偏好和需求，进而主动为其提供内容分发、产品推荐、个人定制、供需对接等服务[8]。用户的每一个轨迹、每一次驻留、每一个行为都对应一组数据，同时智能终端多样化发展拓宽内容消费场景。

第二，出版机构可以开发多元化的智能应用程序，向用户提供更多的文化消费平台和工具，如智能分级阅读等。智能分级阅读可以依据用户的阅读喜好、知识层次、阅读内容难度、内容质量、阅读数量和阅读效果，给出定向、定位、定级、定质、定量、定效的阅读和学习指导；同时，通过语料库升级和智能化交互技术搭建起个性化适配、周期化伴随的分级阅读模型，建立阅读能力指标框架。

第三，对于消费者，人工智能降低了其进入文化生产、传播和出版的门槛，任何人都有可能成为文化产品的生产者和出版者，成为数据提供者和价值创造者，成为文化生产的众筹、众包和众创者。智能辅助写作将带来消费侧的变革，训练与提高用户的写作能力，提供资源服务清单，依托深度学习技术建构大规模本体知识库、语料和规则库，解决语义、推理和语法搭配问题，实现智能技术在写作教学领域的应用，可广泛运用在大学生写作与沟通语言智能训练中心等学习场所。

第四，出版人工智能将伴随个人的生命历程和学习成长周期。在教育出版服务领域，出版方可以借助知识图谱、数据标注等技术对个人特征、学习偏好维度等进行分析,搭建符合能力模型设计、具备评价诊断机制的终身学习的长周期链路,重构教育、培训与终身学习形态,通过实践、复盘、迭代来搭建完整的教育闭环。此外,知识学习的过程中将贯穿着对人的潜质评估,知识的供给和消费将实现越来越精准的匹配。人工智能将与教育出版业紧密结合,搭建持续追踪、跨域理解、定期诊断的学习闭环,再造新的教育和培训供给模式。

三、挑战与展望

出版作为文化传播事业的重要组成部分,人工智能的应用在给出版产业带来新旧动能转换的同时,也必须考虑其潜含的科技伦理、责任主体难以追究、人文主义与"道德过载"[9]等问题。

首先,算法黑箱的问题,即算法是否存在歧视和纰漏、算法将突出显示哪些数据、基础数据的准确性问题及数据算法中还缺乏对于知识间因果关系的可解释性等现状。其次,正确的价值观与文化信仰是出版事业可持续发展的灵魂与内在引领,因此人工智能在出版领域的应用必须注重内容安全的把关、伦理审查、价值观引导的问题。再次,目前,人工智能软件越来越多地运用在批量化生产网络文学上,因此人工智能生成内容在著作权法中的定性问题、内容独创性问题也亟待在政策法规层面明确厘清。最后,出版智能化体系的标准化问题,如智能写作、智能分级阅读的体系搭建,即内容标准的智能化定位、定级和定效等问题。

要解决上述问题与挑战,第一,相关政策制定者要做好顶层设计,建立完善监管制度并推动标准化体系的建设,对人工智能应用的数据安全、文化安全等进行有效监管。第二,专业出版服务要继续在垂类延伸,向更精细化、衍生服务的边界拓展,加强产品的品控;进一步优化其产业链、价值链和创新链。第三,作为蕴含创意和创造力的文化事业,出版承担着传播社会主义核心价值观的内在功能和时代诉求,编辑出版工作不可能完全由机器取代。智能技术的辅助侧重于专业性审核,从而将内容生产和编辑团队从程序性、重复性劳作中解放出来,使其有更多精力进行创作、研发、创意、设计、策划等活动,从而有利于优化从业者结构、提高文化生产效率、加快文化创新速度;提高内容创造者和编辑团队的价值感、启动力,实现专业人才的价值。第四,出版行业要转变思路,拥抱智能化,主动优化迭代,将人工智能从技术向价值跳跃,实现场景化落地,实现出版业新旧动能的转换和高质量发展。

当前,恰逢新基建带动产业新一轮爆发性增长,人工智能与出版的融合发展将成为产业革新的重要利器,推动出版产业数字化向出版智能化转型的有序进化。

参考文献

[1]习近平主持召开中央全面深化改革委员会第七次会议强调 把稳方向突出实效全力攻坚 坚定不移推动落实重大改革举措[N].人民日报,2019-03-20.

[2][3]李杰.工业人工智能[M].上海:上海交通大学出版社,2019.

[4]刘枫.5G出版业的革新路径:知识传播中介到智能匹配平台[J].编辑之友,2019(7).

[5]陈进才.人工智能时代出版流程再造的机遇与挑战[J].现代出版,2020(2).

[6]微软小冰在对200位画家的学习基础上,完成了一本原创绘画集[EB/OL].(2020-08-31)[2020-10-20]. https://baijiahao.baidu.com/s?id=1676508502769333777&wfr=spider&for=pc.

[7][8]王光文.基于人工智能应用的文化产业发展系统问题及优化[J].深圳大学学报(人文社会科学版),2020(3).

[9]解学芳,臧志彭.人工智能在文化创意产业的科技创新能力[J].社会科学研究,2019(1).

人工智能对阅读产业的多重影响*

刘 阳 谷 征

摘 要：人工智能在知识服务中的广泛应用，对阅读产业产生了多重影响。在阅读内容生产方面，人工智能推动了阅读内容的加速生产，提高了写作效率，使内容生产实现定制化、批量化，使写作内容更具前瞻性，也提高了选题命中率，节省了内容审核成本；在阅读产品传播方面，人工智能推动了阅读产品的精准传播，实现阅读内容的精准推荐和广告的定向投放；在阅读服务方面，人工智能推动了阅读服务的智能化，优化了购书体验，浓缩了阅读内容，创新了阅读内容的表现形式，降低了阅读门槛。人工智能与阅读产业融合的同时，也显现出技术壁垒、创新意识缺失等问题。阅读产业需要利用人工智能技术加强在阅读产品功能与传播模式上的创新，带来更加便利的阅读享受。

关键词：人工智能；阅读；阅读产业；影响

2017年7月，我国发布《新一代人工智能发展规划》，标志着人工智能进入国家战略层面，在《新一代人工智能发展规划》提出的"关键共性技术体系"中，明确指出了知识计算引擎与知识服务技术的发展要求。2019年8月，科技部等六部门印发《关于促进文化和科技深度融合的指导意见》，提出重点加强文化共性关键技术研发的任务，要求加强文化创作、生产、传播和消费等环节共性关键技术研究，开展基于数据智能的自适配生产、智能创作等文化生产技术研发；开展文化产品多渠道发布、多网络分发、多终端呈现等文化传播技术研发；开展文化产品基于大数据的个性化推荐等文化服务技术研发。阅读产业作为知识、文化服务的重要产业，其发展无疑会受到人工智能技术的多重影响。

---

* 本文发表于《今日科苑》2020年第1期。

一、人工智能与阅读产业的融合

人工智能简称 AI，是指在机器（计算机、机器人等）上实现超越人类的感知、认知、决策、行动等智能行为[1]。在知识计算引擎与知识服务技术方面，人工智能的特点在于其知识加工、深度搜索和可视交互核心技术，可以实现对知识持续增量的自动获取，具备概念识别、实体发现、属性预测、知识演化建模和关系挖掘能力，能够形成涵盖大量实体规模的多源、多学科和多数据类型的跨媒体知识图谱[2]。

阅读产业是指为消费者提供阅读产品或服务的生产和传播活动的相关产业集合，注重阅读消费的体验和效果[3]。互联网冲击了传统的阅读方式，读者缺少阅读海量知识信息的时间。新的阅读方式须能够通过某些手段来筛选有用信息，充分利用读者的碎片化时间；新的阅读内容生产和传播方式要更基于读者或用户——内容生产商通过与读者的即时连接，利用读者的阅读行为相关信息和数据，更好地实现知识信息的内容生产与传播活动[4]。而人工智能在知识服务中的知识加工、深度搜索和可视交互核心技术，恰好可以满足新的阅读方式及阅读内容生产和传播的要求，其中包含的智能推荐、智能撰稿、智能搜索、机器翻译、语音识别、深度学习、数据挖掘及知识图谱等技术，都将对阅读产业产生多重影响[5]。这种多重影响将体现在阅读产业的内容生产、内容传播、用户体验层面上，具体表现为高新技术的大规模应用、传统生产和传播方式的变革及用户体验的智能化等。

二、人工智能推动阅读内容的加速生产

1. 提高写作效率

2016 年，清华大学语音与语言实验中心研发的人工智能"薇薇"，可以自主创作古诗，其创作的古诗也通过了"图灵测试"；2017 年，微软研发的人工智能"小冰"自主创作的诗集《阳光失了玻璃窗》完成出版。人工智能正在逐渐代替人类完成一部分写作任务，其写作能力也在不断地提高。

阅读内容的生产与创作是阅读产业的基础，大量优质作品的持续产出是阅读产业发展的必要前提。自然人写作的过程，需要耗费大量的精力与财力，这导致阅读产业的内容生产在一定程度上滞后于其服务，自然人创作的

优质作品的数量也难以实现爆炸式的持续增长。人工智能在写作上的应用，可以解除时间、成本等条件对阅读产业内容生产的束缚，提高写作的效率。AI 写作机器人对阅读产业内容生产的影响，主要表现在以下几个方面。

(1) 内容生产的定制化

人类给 AI 写作机器人选择一些词语和短语作为关键词，并设定写作内容的总体框架，AI 写作机器人就可以通过关键词检索，自动并快速地抓取关键词相关资料，再依据使用者的人工神经网络进行意向创作，输出定制化的内容[6]。

2019 年 8 月，我国首个科学新闻 AI 写作机器人"小柯"上线，目前已经用于科学网的新闻创作中。"小柯"采用先进的机器算法语言，以英文论文摘要为基础，迅速创作出中文科学新闻的底稿。此外，"小柯"采用原创与二次创作结合的创作方式生成科学新闻，通过语句智能筛选，选择适合大众理解的文本，为公众和其他大众媒体提供容易理解的科学新闻，实现了内容生产的定制化[7]。

(2) 内容生产的批量化

AI 写作机器人可以针对使用者的不同需求，对文本进行筛选和调整，让同一文本经过不同的语意表达，形成多个针对不同需求的文本，批量化产出内容。

AI 写作机器人"小柯"创作的新闻底稿再经过专业人士和编辑的信息补充与人工审校，这样二次创作的内容基本上能够满足我国一线科研人员了解英文期刊上最新科学资讯的需求。一次原创既同时满足了大众与科研人员的双重需求，又实现了内容生产的批量化[8]。

(3) 写作内容的前瞻性

AI 写作机器人可以综合物理学、认知科学、神经科学等多领域的先进知识与技术，其写作既能够在数据的不断更新中完成，又能够实现自我适应与自我优化，从而创作出最新、最优质的内容[9]。

2019 年 9 月，深圳市智搜信息技术有限公司推出的 Giiso 写作机器人写出了一篇关于人工智能的文章，人工智能产品实现了自己对自己的认知和评价，这是人工智能写作的里程碑式的进步。

2. 提升选题命中率

人工智能以读者阅读行为数据为基础，先通过大数据分析、实时的自适应性调整及前瞻性预测，掌握目标消费群体的阅读偏好；再借助人工神经网络与多任务并发处理技术，对阅读内容进行智能化自动分析，筛选出符合目标消费群体阅读偏好的内容[10]，提升选题命中率。

人工智能可以持续工作，不需要休息，从而节约大量的内容选择时间。尤其是在阅读消费市场出现新的热点事件或阅读偏向时，人工智能可以快速、准确地筛选出符合此时消费者阅读需求的内容，有效地应对阅读市场变化，这是人工选题策划难以大规模实现的[11]。

美国的Callisto传媒公司，每个月收集超过6000万条读者数据，利用大数据分析，寻找用户搜索行为中读者需求旺盛但没有相关图书的市场空白点，运用大数据分析的结果拟定出版物的选题与大纲，出版物从选题到上市，一般都在9周内完成[12]。人工智能技术在提升选题策划对市场需求的命中率的同时，还能大大缩短内容生产的制作周期。

3. 节省内容审核成本

传统的内容审核环节一般由人工来完成，虽然有规定的审核规范与标准，但由于不同审核人员受主观因素的影响，对审核规范与标准的理解不同，导致规范与标准的执行存在漏洞，难免有"打擦边球"的内容通过审核。而智能审稿通过大数据分析，自动审查内容是否遵循新闻伦理法规、是否符合读者的价值取向、是否具有传播价值，排除了主观意识的影响，使判断更加客观[13]。而且人工智能通过数据算法的更新与深度的机器学习，能够不断提升系统对内容类型的识别和判断正确的概率，使其更接近审核的标准。

此外，人工智能在内容审核上的应用，还可以提高审核效率、降低审核成本。在2018年中国计算机大会上，时任字节跳动人工智能实验室主任马维英表示，在其今日头条平台上，有600多个机器学习模型，审核人员用标注好的数据训练模型，模型就能够自动理解和识别内容，帮助审核人员完成内容审核工作，为公司节省了超过10万的审核人力[14]。

三、人工智能推动阅读产品的精准传播

人工智能推动阅读产品的精准传播，是建立在用户数据的大规模收集基础上的。人工智能可以收集包括阅读内容类型、阅读时间、阅读载体使用习惯、阅读活动区域等在内的用户使用阅读产品的多种类型信息，通过大数据分析，获取目标用户需要的阅读内容、阅读载体偏好及区域分布特征等数据，能够有效解决阅读产品传播过程中存在的支撑信息不足的问题[15]。整个数据收集及处理过程完全由人工智能自主完成，实时更新数据，可以降低信息收集带来的高额时间与物质成本。

1. 实现阅读内容的精准推荐

推荐是连接人和信息的重要渠道之一，人工智能可以根据阅读产品用户的个性化阅读偏好，对用户的阅读内容、阅读时间、阅读载体等进行预测，用户需要的阅读内容都可以被准确地推荐，降低内容传播失败的概率，实现阅读内容的精准推荐。

今日头条通过人工智能的"数据+算法+机器学习"技术模式实现了内容精准推荐。今日头条先对用户的基本特征信息进行初步挖掘，然后分析用户的特征信息，最后给用户推荐其有可能会感兴趣的内容[16]。客户端后台对用户使用习惯数据收集的时间越久，向用户推荐的内容也会越符合用户喜好。

"考拉阅读"的阅读分级实质上也是阅读内容精准推荐的延展。"考拉阅读"运用人工智能的长短期记忆循环神经网络，将一个句子按照句法树、依赖关联等进行拆解，分析每一个成分在句子中的比重，从而实现对阅读文本的难度分级，再依据学生的阅读能力进行阅读内容难度匹配，学生使用的频率越高，阅读内容难度匹配的准确度就越高[17]。这与今日头条分析用户的特征信息，给用户推荐其有可能会感兴趣内容的精准推荐模式大同小异。

2. 实现广告的定向投放

传统的广告推广大多采用粗放式人群划分的方法，导致广告推广效果

不理想。利用人工智能的标签人群定位技术，通过用户的基础身份信息（性别、年龄、教育背景、居住地、语言等）的记录，对不同类型人群的阅读兴趣进行关键词划分，根据对用户的细化找到合适的人群做定向广告投放，提高流量及转化完成率，能做到广告的精准推送[18]。正如今日头条的吴娟所言，"人工智能让广告成为一条有用的资讯"[19]。

亚马逊图书商城的机器人Alexa，具有智能推荐书单的功能，这种"推荐书单"就是一种定向的广告投放。人工智能机器人Alexa通过分析用户购买数据，向用户推荐图书，不同的用户因为以往购书种类的不同，收到的推荐书单内容也不同。微信公众号"书单"通过与"腾讯社交广告"合作，利用人工智能做定向广告投放，提升了公众号文章30%的阅读量[20]。这种定向的精准广告更能够引起读者的关注与兴趣，从而使广告营销达到理想的效果。

四、人工智能推动阅读服务的智能化

人工智能技术的发展，完美契合了读者阅读方式的新变化，优化购书体验、浓缩阅读内容、创新内容表现形式、发展有声读物等，都是试图在一定程度上降低阅读的门槛。

1. 优化购书体验

根据北京开卷信息技术有限公司公布的《2019上半年中国图书零售市场分析报告》，2019年上半年，我国实体书店销售继续呈现负增长态势，同比下降11.72%[21]。实体书店受到线上书店的冲击愈演愈烈，究其缘由，是线上书店的服务比实体书店更能给用户带来便利的购书体验。

人工智能已经应用于零售业，并形成了新零售模式，图书零售也可以积极融合人工智能的服务技术，以此来优化实体书店的购书体验。例如，采用电子价签，依据每月不同的营销策略改变图书价格；应用take技术，让消费者可以在没有导购的情况下，自行了解产品的相关信息；使用虚拟货架，通过IoT（物联网）技术，结合动态可触摸屏幕，有效地提高门店坪效；在结算方式上，支持无人结算、免密支付、刷脸支付等多种不同的智能结算方式[22]。

除了优化购书体验，实体书店还可以利用人工智能优化补货参数。2019年4月，京东物流宣布与山西图灵教育达成合作，京东物流将开放京东智能物流平台JDsmart，JDsmart的智能补货计算模块将图书分类管理，然后结合京东的历史销售数据，优化补货参数，减少了实体书店的进补货时间成本，给营业者带来了巨大的便利，山西图灵教育的门店现货率预计将提升至95%以上[23]。

2. 浓缩阅读内容

阅读市场上的出版物逐年增多，阅读内容的可选择范围也在加速扩大，缺少阅读时间正是读者的最新痛点。"谷臻故事工场"抓住了这个痛点，推出了阅读产业的浓缩咖啡——AI浓缩书"谷臻小简"。"谷臻小简"做的是整句摘取工作，标点内不做改动，提炼出一本书的观点，浓缩一本书最精华的10%，再整理出整本书的结构框架与作者的思考路径，再厚的书，一小时也能读完[24]。

要浓缩一部故事型小说的精华，目前"谷臻小简"仍旧比不上人工提炼，但对于人文、社科、历史、经管类的书籍，经过这些书的原作者或编辑的比对，"谷臻小简"处理过的浓缩书，内容准确率在85%以上[25]。目前，在亚马逊商城有超过1000本的由"谷臻小简"浓缩成的精简版电子书在售卖。"谷臻故事工场"创始人走走表示，谷臻小简这套工具将会首先面向大学生群体开放，帮助大学生群体更高效地完成课业任务。

3. 创新表现形式

我国国民的阅读习惯正在转向数字化，尤其是21世纪的新生代消费者，更是数字化阅读的原住民。如何创新阅读内容的表现形式，使其贴近主流受众的阅读习惯，吸引新生受众的注意力，是阅读产业的一大难题。

百度利用人工智能技术，将传统的纸质类图书升级改造为适应AI时代的新概念阅读载体——"AI科普书"。目前已推出了《百度AI科普书——科学大咖秀》《百度AI科普书——飞向太空》两本AI科普书，通过百度App图像识别书中百度相关ICON插图，再组合图像搜索、语音搜索、AR等手段，AI科普书为读者呈现出直观、生动、丰富、权威的科普延展内容[26]。

在电子书方面，哈奇智能推出的首款 AI 触控投影终端 puppy cube 光影魔屏，可以将电子书投射在桌面上。在立投模式下，投射屏幕可达 23 英寸，分辨率达 1280×720，投射字体清晰，且没有目前智能设备屏幕的蓝光损伤，能够有效减轻对眼睛的刺激，支持长时间使用；同时，puppy cube 采用十点触控技术，通过触摸投射在桌面的屏幕，就能够实现翻页、标记、书签、调节模式等一系列常规电子书可以完成的操作，带来了电子书的全新阅读体验[27]。

人工智能阅读产品不仅可以完成对儿童图书表现形式的高要求，还可以减轻电子屏幕对孩子的危害，加上其高互动性，父母可以和孩子共同操控，让父母和孩子在阅读中加强沟通和了解。因此，无论是百度 AI 科普书，还是 puppy cube AI 触控投影，都更偏向于儿童阅读领域的阅读产品。而未来的人工智能阅读产品，会更向成年人群体倾斜，创新阅读内容的表现形式，让阅读不再枯燥，让内容演绎更生动。

4. 用声音降低阅读门槛

（1）有声读物的"定制声音"

《第十六次全国国民阅读调查报告》对我国国民听书习惯的考察发现，2018 年，我国有近三成的国民有听书习惯。其中，成年国民的听书率为 26.0%，0~17 周岁未成年人的听书率为 26.2%，有声阅读已经成为国民阅读新的增长点[28]。有声读物保障了无法通过传统阅读方式进行阅读的特殊群体的阅读权利，如盲人、低文化人群等。由此可见，人工智能语音合成技术在有声读物制作中的应用，对于我国阅读产业而言意义重大。

2018 年，讯飞阅读发布了"定制声音"功能，用户录制并上传 10 段指定文本的声音，后台会根据人工智能系统预设模型，对用户所录入的声音信息进行识别与"克隆"，让用户实现用自己的声音朗读图书，为用户提供了一种可定制化的个性声音选择方案[29]。外出工作的父母可以通过"定制声音"的功能，让家中的孩子听到用自己声音讲的睡前故事，能够在一定程度上解决留守儿童等特殊群体的情感交流问题。

（2）智能阅读助手

除了个性定制有声读物的声音外，阅读市场上还有 AI 智能助手来辅助阅读，Luka 智能阅读机器人、叮咚智能音箱等，都可以实现与人的简单对话，根据声音指令实现朗读语音、播报资讯、检索信息等功能。

以 Luka 为例，Luka 是东方网力旗下人工智能品牌物灵科技生产的一款人工智能阅读养成机器人。Luka 外观似猫头鹰，通过摄像头识别儿童绘本封面，自动下载书籍信息并阅读，且支持英文绘本，绘本识别度可以达到 80% 左右。Luka 在朗读书内文字时并非生硬地依次读出文字信息，而是根据场景与故事情节带有丰富的感情，且英文发音纯正，家长也可以自己录制绘本的声音。除了识别绘本，Luka 内置的在线音频，涵盖了故事、科普知识、英语、国学等多种有声读物。通过触摸 Luka，还可以与 Luka 对话，以此提高儿童的阅读兴趣[30]。

在 2018 年中国数字阅读大会主题峰会上，适合家庭阅读场景的"叮咚"智能音响、融合数字阅读的"AI 虚拟偶像"等智能阅读助手纷纷亮相，智能阅读助手将最大限度地降低阅读门槛，解放读者双手，让读者享受阅读的乐趣。尽管智能阅读助手目前仅在儿童阅读领域有着较为成熟的应用，其普及还需要更多的时间去探索，但它无疑将会成为未来人工智能的重要发展方向。

五、总结与展望

人工智能对阅读产业的多重影响主要体现在阅读内容生产、阅读产品传播及阅读服务三个层面。首先，人工智能推动了阅读内容的加速生产，提高了写作效率，使内容生产实现定制化、批量化；使写作内容更具前瞻性，也提高了选题命中率，节省了内容审核成本。其次，人工智能推动了阅读产品的精准传播，实现阅读内容的精准推荐和广告的定向投放。最后，人工智能推动了阅读服务的智能化，优化了购书体验，浓缩了阅读内容，创新了阅读内容的表现形式，降低了阅读门槛。

人工智能推动了阅读产业的良性发展，但阅读产业对于人工智能技术的应用也存在一些问题。首先，目前的人工智能阅读产品与服务还不能满足成年人阅读的多种需求，智能化的阅读产品大多都是为儿童阅读设计的，这是因为儿童阅读对于产品功能上的使用较为单一，开发更多功能以满足不同群体的阅读需求，需要更多技术的革新和时间的等待。其次，人工智能技术被更多地应用于阅读内容生产及阅读服务方面,而在阅读产品传播方面,人工智能技术却很难融入。2015年,今日头条借助人工智能技术实现精准推荐,随后抖音等更多的产品都在模仿这种精准传播模式。但精准传播模式不是最好的,"信息茧房"、用户隐私泄露等精准传播导致的问题也逐渐显现。阅读产业需要创新出更好的结合人工智能技术的传播模式,而不是一直停留在模仿现有模式的阶段。

我们正处于一个科技飞速发展的时代,人工智能就在每个人身边,它已经渗透到了阅读产业的内容生产、产品传播与服务过程中,并发挥了其应有的价值与作用,我们必将更大范围地感受到AI写作机器人、AI浓缩书、智能阅读助手等新的人工智能阅读产品和服务带来的阅读便利与享受,同时也会发现更多的问题。阅读产业要用积极的态度去拥抱人工智能,进而真正得到人工智能所带来的技术红利。

参考文献

[1]李世鹏.人工智能的发展现状和趋势[J].视听界,2019(5):5-9.

[2]唐京春,张新新.专业出版大数据建设路径分析[J].科技与出版,2019(1):59-63.

[3][4]黄晓新."阅读产业"的由来及意义[J].新阅读,2019(8):13-14.

[5]张新新,刘华东.出版+人工智能:未来出版的新模式与新形态——以《新一代人工智能发展规划》为视角[J].科技与出版,2017(12):38-43.

[6]叶韦明.机器人新闻:变革历程与社会影响[J].中国出版,2016(5):16-20.

[7][8]科学新闻写作机器人小柯上岗[EB/OL].(2019-08-09)[2019-11-30].http://baijiahao.baidu.com/s?id=1641340203212777922&wfr=spider&for=pc.

[9][10][11]郭壬癸.人工智能技术的发展对出版流程链的影响研究[J].编辑之友,2018(10):78-83.

[12]瞿磊.美国Callisto Media:根据读者需求定制图书,大数据可以做到[EB/OL].(2016-09-28)[2019-11-30].http://www.cp.com.cn/content/2016/09-28/1005010275.html.

[13]刘逸卓,方伟.人工智能对传媒业就业的影响——基于传媒业大学生的调查[J].今日科苑,2019(5):64-74.

[14]字节跳动马维英:人工智能赋能内容创作和交流[EB/OL].(2018-10-28)[2019-11-30].http://www.sohu.com/a/271841557_114877.

[15]汤雪梅.人工智能与数字出版的创新应用[J].编辑之友,2015(3):15-18.

[16]胡静月.浅析人工智能时代媒体的转型发展——以"今日头条"为例[J].中国传媒科技,2019(1):85-87.

[17]赵梓淳,任易,高华健.人工智能+分级阅读 教育信息化2.0时代的阅读教育——全国少儿中文分级阅读教育的探究与应用[J].中小学信息技术教育,2018(11):88-90.

[18][19]今日头条吴娟:人工智能让广告成为一条有用的资讯[EB/OL].(2017-07-14)[2019-11-30].https：//www.iimedia.cn/c460/53183.html.

[20]陶敏,王鹏涛.人工智能在出版营销领域的应用机理研究:相关性、即时性与个性化[J].出版与印刷,2019(2):18-23.

[21]2019上半年图书零售市场报告:新书品种下滑 定价持续上涨[EB/OL].(2019-07-25)[2019-11-30].http：//www.sohu.com/a/329154812_757863.

[22][23]刘伟.京东物流联手山西图灵打造智能供应链,让阅读更有趣[EB/OL].(2019-04-23)[2019-11-30].https：//www.leiphone.com/news/201904/sEXAD5z8G9rTGMqw.html.

[24][25]当人工智能渗入阅读[EB/OL].(2019-06-28)[2019-11-30].http：//finance.sina.com.cn/roll/2019-06-28/docihytcerk9913053.shtml.

[26]百度AI赋能出版行业,百度联合两家出版社,发布全新百度AI科普书[EB/OL].(2019-01-14)[2019-11-30].https：//baijiahao.baidu.com/s?id=1622607257952115099&wfr=spider&for=pc.

[27]展现AI阅读之美 puppy cube光影魔屏亮相深圳书展[EB/OL].(2019-07-25)[2019-11-30].http：//baijiahao.baidu.com/s?id=1639995584805692118&wfr=spider&for=pc.

[28]中国新闻出版研究院全国国民阅读调查课题组.第十六次全国国民阅读调查报告[J].新阅读,2019(5):45-47.

[29]王翔.人工智能视域下移动阅读类app研究[D].合肥:安徽大学,2019.

[30]王芮.物灵科技推出两款人机交互新品[J].计算机与网络,2018,44(14):73.

数字阅读研究

智能阅读特征及其行为研究*

陈 丹 李桑羽

摘 要：智能阅读是数字阅读发展的高级阶段，具有丰富读者获取信息渠道、满足不同群体需求、提升读者阅读体验、适用于多个场景的特性。智能阅读作为一种新型的阅读方式，将改变既有的阅读模式，从内容生产、内容传播和内容消费三方面构建智能阅读产业链，实现阅读产业链的良性循环。智能阅读在阅读环境、阅读主体方面影响着读者的阅读行为，并且这种影响将会随着科技的发展愈发深刻。

关键词：智能阅读；智能技术；人工智能；用户体验

2021年3月11日，十三届全国人大四次会议表决通过了《中华人民共和国国民经济和社会发展第十四个五年规划和2035年远景目标纲要》。该纲要第五篇"加快数字化发展　建设数字中国"强调了要打造数字经济新优势，充分发挥海量数据和丰富应用场景优势，促进数字技术与实体经济深度融合，培育壮大人工智能、大数据、区块链、云计算、网络安全等新兴数字产业[1]，体现了国家对数字技术的重视，并从政策上为数字技术的发展给予支持。2021年3月，中宣部办公厅印发《关于做好2021年全民阅读工作的通知》，提出要创新方法手段，主动适应信息技术条件下数字阅读方式更便捷、更广泛的特点，积极推动全民阅读工作与新媒体技术紧密结合[2]。在智能时代的数字化浪潮下，阅读这一重要的知识获取方式将迎来新的发展机遇，从数字阅读到智能阅读的转向成为大势所趋。

智能阅读作为一种新型的阅读方式，还未完全成熟，因此学界对其研究较为有限。有学者从数字技术的角度对未来可能出现在出版业的技术原

---

* 本文发表于《出版广角》2021年第13期。

理和应用场景进行分析,对同属于出版业的智能阅读的技术应用有所启示[3]。有学者从阅读方式的历史演变出发,探索阅读可能出现的智能化趋势,指出了智能阅读的定义,并分析了智能阅读的现状和存在问题,还对其未来发展提出建议[4]。有学者从社交媒体环境的角度出发,认为未来人们的阅读行为将更加智能化和个性化,并表现为外部转向和内部转向两个方面,外部转向包括阅读内容、方式、体验的转变,内部转向则包括阅读习惯、行为和思维的转变[5]。通过文献梳理发现,目前学界对智能阅读的研究较少,且大多从特征和表现出发,较少涉及智能阅读的产业链与读者的阅读行为。基于此,本文从智能阅读的内涵和特征入手,对上述内容进行探究。

一、智能阅读的内涵与特征

阅读是一种人类特有的行为,是人类对文字或信息载体的感官认识过程,也是人类获得知识的最基本和最重要的方式。人类的阅读史经历了漫长的演变,从口语时代的"朗读",到印刷时代的"默读",再到数字时代的"屏读",这些转变均得益于文本复制技术的革命和书籍形式的更迭[6]。从阅读的方式来看,阅读经历了从纸质阅读到数字阅读的过程,在智能化时代到来的今天,智能阅读将成为阅读的下一个发展方向。

将智能阅读与数字阅读进行对比,可以进一步明确智能阅读的内涵和外延。首先,数字阅读是一种基于数字文本知识和数字媒介信息获取的阅读活动和文化现象[7],而智能阅读则是在保留数字阅读特点的基础上,将智能技术应用到内容的创作、传播和获取过程中。由此,本文所指的智能阅读,是以数字阅读为基础、以智能技术为核心、以智能设备为载体来进行阅读活动的阅读方式,是数字阅读的高级阶段。它具有丰富读者获取信息渠道、满足不同群体需求、提升读者阅读体验、适用于多个场景的特性。

1. 丰富的阅读内容

智能阅读的内容极为丰富,主要体现在其体量大、范围广、质量高上。传统的纸质阅读以书本或手抄本为载体,一本书能够承载的内容实在有限,不利于知识的扩散与传播。随着数字存储技术的发展和出版产业的革新,数字阅读得到了长足的发展，逐渐成为当前主流的阅读方式。而智能阅读作为数字阅读的高级阶段，以信息技术为底层逻辑，运用5G、人工智能、云存储、云计算等科技手段，不断地扩大阅读内容的体量与范围。

首先，5G技术的普及和应用将使阅读内容的加载更加快速，阅读文本中的各类交互将突破网速的限制，推动阅读领域出现更加多样的阅读形式。同时，云存储、云计算等技术将会在智能阅读时代发挥更加重要的作用，海量的阅读内容将被存储在云端，降低了运营与维护成本，更方便读者阅读和分享，以及跨平台访问多种阅读资源，扩大了阅读内容的体量。

其次，人工智能高效和准确的翻译水平将会使读者在阅读外文作品时更加方便快捷，从文化角度打破国与国之间的边界，阅读的内容范围越来越广。而VR、AR等技术将会扩展阅读内容的展现形式，读者可阅读的内容不再仅限于传统的文本，而是集各种题材、类型为一体的"富媒书"。例如，在2020年的上海书展暨"书香中国"上海周的特色展馆"未来阅读馆"中，咪咕阅读主打"5G富媒书"概念，以高清视频形式融入了风景、美食、影视、科普等多类电子书，并针对一些读者比较难理解的场景进行AR技术植入，读者可随时唤起与书中内容匹配的AR场景，满足对抽象概念和模糊场景的具象理解，感受前所未有的多维阅读生态体验[8]。在不久的未来，许多专业性较强，但在过去受到文字限制难以被大众读者所理解的内容，也将通过交互方式重新焕发活力，让科学知识更鲜活地走进普通大众。

最后，高质量的阅读内容也体现了智能阅读的丰富性。当前快节奏的社会生活使得读者的阅读内容呈现碎片化及浅表化特征，真正有价值的内容需要读者耗费大量时间和精力筛选，因此产生了阅读内容"质"与"量"之间的矛盾。为了缓解这一矛盾，智能阅读将不断地利用人工智能等科技手段，对众多经典读物和高质量的阅读内容进行拆分，并根据读者需求推荐或投放，从而为读者提供具有更高价值的阅读内容，满足读者对优质内容的需求，提升读者在单位时间内的阅读效率，使读者获得更高的阅读回报。

2. 多样的阅读方式

在智能化时代，读者的阅读方式也将更加多样。在传统阅读时期，读者只能通过阅读实体书籍、报纸获取知识和信息，阅读方式较为单一且渠道较少。但在数字阅读时期,读者的阅读方式产生了很大的变化,从"看书"转为"听书",甚至是通过短视频等新媒体方式阅读,大大丰富了阅读的方式。过去作者与读者之间"点对点"的阅读方式逐渐变为"点对面""面对面",阅读更加大众化和平民化。随着智能化时代的到来,阅读方式的边界将会再一次被拓展,本文主要从交互性和社交化这两个角度对阅读方式进行分析。

首先,智能阅读的交互性相较于数字阅读时期将会有更大程度的提升。从阅读的环境来看,5G将会推动物联网时代的到来,在万物互联的情景下,成千上万的智能设备都将连接在一起,实现阅读内容在不同终端之间的兼容与切换,而且这些设备都可以与人进行交互。例如,人通过语音发送指令在智能电视上看短视频,在开车时让听书软件或新闻资讯平台进行播报,做饭时可以和智能音箱交流等,智能阅读让所有可供阅读的场景都可以实现无缝转换和融合,并且通过交互的过程提高智能设备的智能化程度。

其次,阅读的社交性也将通过智能阅读得到充分的发挥。社交化阅读是未来阅读发展的趋势,但当前受到设备和软件的限制,只在较为狭窄的范围内进行分享。智能时代的阅读社交则不仅限于转发和评论等普通社交方式,而且在阅读的过程中体现读者的"参与性",体现美国传播学家亨利·詹金斯在其著作《文本盗猎者:电视粉丝与参与式文化》中提出的"参与式文化"[9]。读者将通过某种身份的认同,积极主动地创作媒介文本、传播媒介内容、加强网络交往,从而实现文化和心灵的交流。而智能阅读也将模糊作者与读者的界限,发挥读者作为内容接受者、知识传播者乃至文化创造者的身份,为社交化阅读注入更多的想象力。

3. 极致的阅读体验

提升读者的阅读体验始终是阅读平台追求的目标,智能阅读时代更是如此。

从阅读的便捷性出发,数字阅读让阅读载体不再局限于厚重的书本,而是将内容统一存储在集约化的芯片中,解放了读者阅读的空间,智能阅读将在此基础上从更深层次的角度使阅读便捷化。一方面,获取内容的渠道和途径将更加便捷,智能阅读将打破渠道之间的壁垒,在不同的内容平台添加更多可互相转换跳跃的"入口",读者可根据自己的需求探索和阅读。另一方面,大数据技术在智能阅读信息获取方面的应用十分广阔。在互联网数据库建立之前，读者进行学术研究需要查阅许多书籍资料，消耗大量的时间和精力；互联网数据库建立之后，大数据将各类学术资源整合和分析，读者只需要输入关键词便能找到相关的文献和资源。未来数据库的内容还将更加丰富，与之相关的各类科技、应用、资讯将汇聚在一起供读者选择，为读者提供更为全面的资源和内容。

从阅读的真实性出发，许多读者偏爱纸质阅读的原因在于喜欢纸张的质感、翻阅时的触感和淡淡的书香，相较于电子阅读设备，他们会更加怀念纸质阅读时的体验，却又被电子阅读的便携特质所吸引。而智能阅读将会同时满足这两种需求。智能阅读在继承数字阅读便携特性的基础上，通过各种科技手段完善自身的阅读体验，如利用VR技术提供更加真实的阅读场景，把"读万卷书"和"行万里路"有机结合起来，打破虚拟和现实的界限，让平面的阅读内容瞬间变得立体和生动。以"VR+新闻"的阅读方式为例，当读者使用VR设备阅读新闻资讯时，可以体会到置身于新闻现场的感受，并能够从第一视角360°观看新闻直播。此时读者已不再是旁观者，而是新闻的参与者、目击者和体验者，阅读体验更加真实。

从阅读的个性化出发，智能阅读将最大限度地满足用户的个人需求。基于时间碎片化和分工精细化这两个前提，未来读者的需求将会更加精确和细分。在阅读个性化推荐和私人定制领域，"大数据+人工智能"将会发挥更大的作用。通过汇总和分析大数据，出版单位可以对当前阅读市场的整体状况有一个较为清晰的认知，再通过人工智能对读者习惯和行为进行分析，得出读者的用户画像，掌握其阅读喜好和经济状况等，从而为他们提供个性化的内容和服务。从马斯洛需求理论来看，读者的需求也会分为不同的等级，将人类需求理论和用户画像得出的用户兴趣点结合起来，能够给读者推荐更加精准的个性化信息，并考虑不同时间、地点等变量的影响，得到读者"当前"想要看什么的结论。

二、智能阅读产业链分析

智能阅读作为一种新型的阅读方式，将改变既有的阅读模式。本文从智能阅读产业链的视角，从内容生产、内容传播和内容消费三个方面，对智能阅读各个环节进行分析。

1. 内容生产过程

智能化时代的到来，将为阅读的内容生产带来更多的可能性。对作者来说，人工智能可以实现在离线和安全的状态下，帮助作者利用智能语音识别技术实时记录灵感，并将语音转化为文字，同时还可以对内容进行实时保存、编辑和发布，有效解决创作过程中的写作和管理问题，让创作更加高效。对内容平台来说，人工智能将在内容的创作过程中发挥作用。通过对海量样本的深度学习，提升机器对自然语义理解的能力，再加上不断提高的语音识别技术，人工智能可以逐渐代替阅读内容生产过程中重复性高的人力劳动。如智能选题、智能审核、文本过滤和筛选信息，在提高阅读内容质量的同时，降低人工和时间成本。

2. 内容传播过程

在阅读内容的传播过程中，亟待解决的问题是如何将读者与内容相匹配，抑或是如何帮助读者找到他们最需要的内容。根据信息觅食理论，读者总是希望在最短的时间内获得最有价值的信息。信息觅食理论是在20世纪90年代末由彼得·皮罗利和斯图尔特·卡德在帕洛阿尔托研究中心提出的，主要研究人们如何在网络上导航以满足信息获取的需求[10]。因此，在内容传播的过程中，内容平台首先要将自己的页面设计得更加贴合读者需求，并将想要展示或传播的内容安排在明显的位置。从"找"到"荐"，内容平台通过将人工智能与大数据结合，实现对每一个读者准确定位并把握其偏好，从而刻画出精准的用户画像，再进行个性化推荐。从"纸"到"智"，智能技术可不断适应读者对智能化阅读的热情与需求，解决内容平台"推书难"的问题。

3. 内容消费过程

当优质的内容被生产和传播后，便进入读者的消费端。智能阅读的内容消费过程也是满足读者需求的过程。读者可以使用人工智能机器的语音交互技术获取阅读内容，而智能阅读会根据读者的个体差异和个人喜好进行内容的定制演绎，实现高品质的阅读享受。如在阅读过程中能够实现多角色的智能区分与配音，并对人的语气语态进行模仿，不同的读者可以选择自己喜欢的语音语调。人工智能还可以对读者的阅读过程进行实时监测，不断检验读者的感受和状态，并给出阅读建议。如当读者阅读速度明显减慢或是阅读时长超出平均阅读时长时，机器将考虑读者是否处于疲倦状态，并询问是否继续阅读。未来，智能阅读将通过人工智能结合全息成像、增强现实等技术，从语言、情感、表达方式等方面全方位呈现作品，实现作者甚至是故事情节的全息投影与成像阅读，在提升阅读效率的同时，提供更加个性有趣的内容阅读体验，从技术角度满足不同读者的不同需求。

三、智能阅读的行为研究

美国社会心理学家勒温提出的人类行为公式"$B=f(P,E)$"中，B 指行为（behavior），f 指函数（function），P 指人（person），E 指环境（environment）。公式表明，人的行为是人（单独的人和群体的人）与环境（社会环境和物理环境）双重作用的结果[11]。因此，对于读者阅读行为的研究，本文主要从阅读环境、阅读主体展开。

1. 阅读环境对阅读行为的影响

阅读环境是一个较大的概念，可从多维度对其进行分析。从宏观来看，阅读环境包括社会的政治、经济、文化、技术环境；从微观来看，阅读的具体场景又会对读者行为产生影响。

首先，从宏观来看，文化与经济、政治相互影响。当前，国家对阅读的重要性认识更加深刻，明确建设"书香社会"是促进经济转型升级、创新驱动发展的重大举措，有利于社会的和谐稳定。从 2006 年开始，在中宣部、中央文明办、新闻出版总署、文化部、教育部等部门的共同倡导下，全国每年都在开展全民阅读活动，效果显著。第十八次全国国民阅读调查报告显示，2020 年我国成年国民包括书报刊和数字出版物在内的各种媒介的综合阅读率为 81.3%，全民阅读活动促进了我国国民素质的整体提升[12]。在全民阅读环境的影响下，许多民众逐渐将阅读视作一种重要的个人能力和知识的提升方式，并因此产生相应的阅读行为。

其次，技术作为一种科技力量，是智能阅读得以发展的底层逻辑。以智能阅读的交互性为例，不断提升的交互性将使读者的阅读行为更加智能化。如全息投影技术和 AR 技术在阅读领域的应用，会让书中的事件和人物"活起来"，读者可以全方位地观察和学习，让从前只能存在于书中的内容逼真地出现在我们生活的世界中。除此之外，人工智能与语音结合还可将语音交互应用到阅读中，从以机器为中心的系统交互走向以人为中心的自然交互。这不仅能够为用户带来耳目一新的阅读体验，还能解放用户的双眼双手，实现多场景适应的全新阅读模式。通过智能阅读，读者的阅读行为将更加主动和丰富，读者也将体验到传统阅读时代从未接触和想象的阅读形式。

最后，阅读场景的变化会影响读者的阅读行为。"场景"的概念可以追溯至戈夫曼 1959 年在《日常生活中的自我呈现》一书中提出的"情景"概念，他指出对情景进行定义是人参与社会互动的第一步[13]。而"场景"这一具体概念是 2014 年罗伯特·斯考伯和谢尔·伊斯雷尔在《即将到来的场景时代》一书中提出的，并指出场景时代的五大要素为大数据、移动设备、社交媒体、传感器、定位系统[14]。随着智能时代的到来，人类生活与阅读的场景也将更加智能，智能阅读将改变读者阅读的时间、空间，读者可以在任何时间、地点开展阅读活动。如 5G 应用将会改善阅读场景的体验，让以往受到信号影响而无法进行阅读的地方，包括地铁、铁路沿线等也可以进行阅读和交互，真正让阅读融入读者的生活，从而产生更加多样和丰富的阅读行为。

2. 阅读主体对阅读行为的影响

阅读主体即产生阅读行为的读者，其中的影响因素包括读者阅读的动机需求、个人特征等。

具有不同动机和需求的读者，其阅读行为各不相同。当读者的动机和需求是为了获取当前生活环境的状态及信息时，其通常会选择阅读新闻资讯平台的各类信息内容，并偏向于浅阅读和浏览性阅读。此时，智能阅读可以通过人工智能和大数据相结合的方式，为读者筛选最有可能关注的内容，并进行合理的排序，将内容推送给读者，让读者能够快速地对环境变化做出反应。若当前读者的需求和动机是为了深层次地了解信息或知识时，其可能会选择更加深入的阅读方式，智能阅读便可以据此提供层次清晰、更为专业的知识和内容。

读者个人特征差异也会产生不同的阅读行为，智能阅读将按照不同读者的性别、年龄、文化程度、兴趣爱好进行内容推送。如不同年龄段的读者对作品类型的选择有较大差别，并影响其阅读行为。相关阅读报告内容显示，"50后""60后"读者选择经典名著、历史传记的占比更高[15]，此类内容通常不需要较强的交互性，因此读者通常选择听书的方式进行简单交互；"70后""80后"读者则偏爱社科人文、经济管理等类别的书目，并且可以适应多样的交互方式；"90后""00后"读者作为互联网的原住民，对智能阅读的接受程度更高，对科幻及网络文学有更加浓厚的兴趣，而此类作品通过AR、VR等沉浸式技术的加持，将会焕发更大的魅力。此外，不同文化程度的读者，阅读行为也不尽相同，因为不同个体间知识结构的差异，其知识获取能力和需求将有所变化，需要阅读内容做到"千人千面"。智能阅读作为一种新型的阅读方式，可以满足上述不同人群的阅读需求，并根据读者状态实时调整，适应不同个体之间的阅读行为。

四、结语

智能阅读作为一种新型的阅读方式，虽然发轫于数字阅读，但又用智能化的手段超越数字阅读本身，并将给读者带来丰富的阅读内容、多样的阅读方式和多元的阅读体验。同时，智能阅读的智能还将运用在阅读产业链的革新方面。从内容生产的角度，智能阅读为作者和内容平台提供了新的创作思路和类型；从内容传播的角度，智能阅读为读者和内容平台的沟通搭建起桥梁；从内容消费的角度，智能阅读满足了用户的差异化需求，整体上实现了阅读产业链的良性循环。智能阅读在阅读环境、阅读主体等方面影响着读者的阅读行为，并且这种影响将会随着科技的发展愈发深刻。因此，积极拥抱技术，迎合智能阅读的兴起，将是出版行业发展的必经之路。但智能阅读当前仍处于起步阶段，需要政策和法律进行规范及引导，才能让智能阅读惠及每一位读者。

参考文献

[1]中华人民共和国国民经济和社会发展第十四个五年规划和2035年远景目标纲要[EB/OL].（2021-03-13）[2021-07-07]. http://politics.people.com.cn/n1/2021/0313/c1001-32050444.html.

[2]中宣部办公厅印发《关于做好2021年全民阅读工作的通知》[EB/OL].(2021-03-17)[2021-07-07].http://www.gov.cn/xinwen/2021/03/17/content_5593481.htm.

[3]张新新,杜方伟.科技赋能出版:"十三五"时期出版业数字技术的应用[J].中国编辑,2020(12):4-11.

[4]方卿,王欣月,王嘉昀.智能阅读:新时代阅读的新趋势[J].科技与出版,2021(5):12-18.

[5]韩晓燕.社交媒体环境下阅读的智能化转向[J].出版广角,2019(5):74-76.

[6]赵丽华.从朗读到有声阅读:阅读史视野中的"听书"[J].现代出版,2018(1):71-76.

[7]柯平.数字阅读的基本理论问题[J].图书馆,2015(6):1-6,36.

[8]"未来阅读"的无限可能[N].惠州日报,2020-09-01.

[9]亨利·詹金斯.文本盗猎者:电视粉丝与参与式文化[M].郑熙青,译.北京:北京大学出版社,2016.

[10]信息觅食:一种人们如何在网络上导航的理论[EB/OL].(2021-03-26)[2021-07-08].https://www.douban.com/note/798022763/.

[11]林崇德,杨治良,黄希庭.心理学大辞典:下卷[M].上海:上海教育出版社,2003.

[12][15]2020全民阅读报告 解读中国读者阅读特征与趋势[EB/OL].(2020-04-20)[2021-07-08].https://baijiahao.baidu.com/s?id=1664482749045556243&wfr=spider&for=pc.

[13]欧文·戈夫曼.日常生活中的自我呈现[M].冯钢,译.北京:北京大学出版社,2016.

[14]罗伯特·斯考伯,谢尔·伊斯雷尔.即将到来的场景时代[M].赵乾坤,周宝曜,译.北京:北京联合出版公司,2014.

数字阅读负面影响治理研究：
难点·遵循·路径*

周 斌

摘 要：跟治理显性存在的不良网络信息不同，治理数字阅读的负面影响，是要消解已经或可能形成的抽象而隐蔽的负面影响，需要深究其特殊的治理难点、遵循与要义。结合项目已完成的大型实证研究，本文在梳理数字阅读负面影响的现实情势特点基础上，针对问题对象难判定、主体因素难干预、固有观念难转变等的治理难点，提出要以治理阅读内容及其生产为抓手，以人的因素为核心，以治理不健康网络文学与不真实阅读信息为重点，沿着净化内容、优化内容生产、力促读者素养提升等基本路径展开，全面推进数字阅读负面影响的治理。

关键词：数字阅读；负面影响；治理遵循；治理思路

数字阅读❶已然成为人们日常生活的重要部分。人们每天阅读资讯、欣赏作品、处理微信、观看视频、分享心得，在工作、学习、娱乐等各个方面享受便捷服务和美妙体验。但是，很多人由于过度沉迷，常常难以控制节奏、判断真伪、抵制诱惑，在不同方面和程度上受到了负面影响。笔者完成的关于数字阅读负面影响的问卷（1884 份样本）和案例"两翼"实证研究数据❷，

---

* 本文系国家社科基金项目"出版生态视野下数字阅读负面影响的消解路径研究"（编号：16BXW030）成果。

本文发表于《出版发行研究》2019 年第 11 期。

❶ 本文中的"数字阅读"是指用手机、计算机等设备阅读新闻资讯、网络文学、专业知识、微信和视频等信息的活动。

❷ 笔者主持的国家社科基金项目"出版生态视野下数字阅读消极影响的消解路径研究"（编号：16BXW030）已经完成以问卷调查和案例调查为"两翼"的数字阅读负面影响实证研究。

全面揭示了数字阅读负面影响的实况——数字阅读在平等享有、生活状态、阅读集中力、身体健康、心理健康、精神面貌、是非观念和文化心理等多个方面给许多读者带来了消极影响，而且较为严重，并日益突出。

治理数字阅读的负面影响，改善读者数字化生存环境，使读者更好地享受数字阅读的积极效用，是数字时代我们必须面对、应设法解决的现实课题。本文在揭示数字阅读负面影响的现实情势基础上，分析治理的难点，探寻治理的要义与遵循，厘清治理的思路，以期为治理实践提供借鉴。

一、数字阅读负面影响的现实情势：维度多·程度深·对象广

笔者在著作《基于问卷调查的数字阅读负面影响实证研究》[1]和《基于案例调查的数字阅读负面影响实证研究》[2]，论文《数字阅读负面影响的现状调查与分析》[3]中，全面揭示了数字阅读负面影响的现实情况，发现负面影响的现实情势比我们预想的还要严峻。

1. 负面影响维度多

数字阅读在平等享有、生活状态、阅读集中力、人身安全、身体健康、心理健康、精神面貌、是非判断和文化心理等诸多方面给读者带来了负面影响。

数字阅读条件落后与条件优越地区的读者，他们平等享有阅读的机会差距——"阅读鸿沟"越来越深。联合国《2017年宽带状况》报告和《2015年全球信息技术报告》显示，全球有39亿人与数字世界无缘，指出发展中国家与发达国家之间的数字鸿沟仍在加大。

许多读者已养成不良阅读习惯，必要锻炼、睡眠、交流和做家务的时间被占用，家宴常常变成手机阅读盛宴，手机阅读冲淡亲情友情，他们的正常生活受到干扰，进入一种不太健康的生活状态；沉迷阅读让一些人的学习和工作劲头有所减退；行进中看手机，他们的人身安全受到威胁，摔跤跌倒、交通伤亡事故时有发生。他们的阅读专注力总是受到陷阱链接、强势弹窗的干扰；在数字阅读环境下，常常随着信息流随性浏览，很难冷静阅读目标内容。

调查显示，有些人长时间低头紧盯屏幕，已给视力、颈椎乃至整个身体健康带来损害；低俗信息给孩子们的心智带来了伤害。精神方面，许多读者变得离不开数字信息，信息迟到了就渴求，信息杂乱了就烦躁，信息敏感了就紧张，呈现出信息饥渴、焦虑、抑郁的负面情绪；性格方面，有些人只愿整天待在数字空间，独自主宰幻象世界，希望减少现实人事活动，变得孤僻、自我，呈现出"容器人"特征。

调查发现，大量谣言、伪科普信息，很大程度上干扰了部分读者对主流思想、社会事件和知识常理的是非判断，误导了他们的认知观念和实践活动。如听信"蛆橘谣言"就不买柑橘吃；听说喝绿豆汤能养生治病就盲目跟风；轻信朋友圈神药偏方结果延误治疗。文化心理方面，多数被调查者表示担心在自媒介场域下成长的孩子们主流价值观认同问题，担忧会冲击他们正常的文化心理。

2. 负面影响程度深

除获取现实案例和问卷调查数据外，笔者还对国家网信办、人民网舆情监测室、中国互联网络信息中心等权威平台，知乎、今日头条等新媒体，以及新浪、搜狐等门户网站进行了相关数据的动态跟踪。调查显示，数字阅读负面影响较为严重，并日益突出。一方面体现为较为严重的隐性影响，如一定程度上的焦虑、抑郁的负面情绪，孤僻、自我的畸形性格，淡漠主流权威文化心理；另一方面体现为较为突出的显性影响，如一些青少年读者因沉迷消极网络文学而出现心智失常、出走失联，甚至违法犯罪。西安一小学生模仿仙侠类网络小说情节，外出坐等成仙而失联10余天；宁波一高中女生因沉迷"霸道总裁小说"而去酒店打工，期待相识住宿总统套房的多金总裁；寿县10名网络盗墓小说迷，模仿小说制作炸药工具，盗掘楚考烈王墓而获刑。❶

3. 负面影响对象广

调查表明，数字阅读的负面影响涉及学生、公务员、企事业员工、退休人员和农民等多种人群，只是受影响的方面和程度不尽相同。退休人群

---

❶ 本文未特别标引的案例、观点，均出自文中显示的项目阶段成果著作和论文。

更担心影响颈椎等身体健康,更易被伪养生、理财信息误导;学生群体担忧影响学习和心理健康;在职人群担心影响工作状态;农民群体易被谣言、迷信信息误导。而且,某些读者也许能规避某一方面的影响,却难以逃脱其他方面的干扰。例如,阅读素养较高的读者,不易被谣言、伪科普信息误导,但可能难以逃脱低头看手机造成的颈椎伤害;劳动强度大的务工人群,身体方面影响可能较少,但容易轻信迷信、谣言信息。从这个意义上说,数字阅读的负面影响实际上几乎覆盖所有人群。

二、治理数字阅读负面影响的难点:难判定·难干预·难转变

与治理客观存在的不良网络信息不同,治理数字阅读的负面影响,是要消解已经或可能形成的较为抽象的负面影响,治理目标抽象,有些问题难以判定,有些主体难以干预,有些观念难以转变。

1. 问题对象难判定

数字阅读负面影响的形成,与不健康和不真实的数字阅读内容、内容的不合理生产、读者不良阅读素养等因素密切相关。[1] 在推进治理实践过程中,不仅需要判定相关问题因素,还要在海量信息中监测出来,以便治理。而判定与监测会遇到许多困难。例如,哪些网络文学作品是不健康的,哪些信息是不真实的(如谣言、伪科普信息),判定、监测都比较困难。

数字阅读带给读者心理健康、精神面貌、文化心理方面的影响,更多地表现为隐性存在,难以测量。淫秽、暴力内容所造成的消极心理,信息依赖造成的焦虑、抑郁的负面情绪;沉迷信息幻象形成的孤僻、自我的畸形性格;沉浸在"自媒介场"而淡漠主流权威文化心理……这些负面影响作为某种程度的客观存在,更难判定。这些隐性问题判定不好,会影响治理成效。

2. 主体素养难干预

收集读者阅读消费的文本内容与媒介类型、选择习惯等数据,可获得

---

[1] 本文未特别标引的案例、观点,均出自文中显示的项目阶段成果著作和论文。

读者阅读素养的大体情况。例如，某些读者把占卜、星座等迷信信息当作知识需求，把低俗的色情小说或视频当作刺激需求，把极端血腥暴力的网络小说当作休闲需求，把个人英雄主义作品作为价值审美需求；惯于窥探隐私、恶搞经典、偏执狂欢的阅读动机；着迷霸道总裁类小说、低俗网络主播视频的阅读倾向等。这些反映阅读素养存在的问题，可通过统计数据得以发现，但要实施干预是比较困难的。读者作为阅读主体的素养提升，根本上还得依靠他们自身。

3. 固有观念难转变

转变不良生产观念比较困难。如消极网络文学作品生产，与小说的作者、文学网站编辑"追求点击率、博取眼球的生产观念"有关，但要他们改变原有观念，绝非易事。

转变固有治理理念比较困难。从"治理内容及媒介"拓展到"向消费者建议""干预消费者接触内容及媒介的意识、行为和能力"，是网络信息治理的新理念、新趋势[4]。近年来国家网信办等部门出台了有关互联网直播服务、App信息服务、跟帖评论服务、群组信息服务等管理规定，开展了"净网""护苗""秋风"专项行动，在治理内容及媒介上取得了较好成效，但要在短时间内重视"干预消费者接触内容及媒介的意识、行为和能力"，并形成与实施系列举措，完成治理理念的根本性转变，还需要时日。

三、治理数字阅读负面影响的遵循：有抓手·有核心·有重点

上文述及的治理困难，其根源在于数字阅读负面影响过于抽象，难以找到一个便于依托操作的治理抓手，难以确立一个能执牛耳的治理核心，难以抓住一些便于逐层推进的治理重点。因此，找到治理抓手，确立治理核心，抓住治理重点，是治理数字阅读负面影响需要遵循的精神要义。

1. 要在出版生态要素中寻求治理抓手，确保可操作

完成阅读消费是出版活动的经济效益和社会效益得以实现的必要条件，数字阅读活动是数字出版活动的重要环节和内容。因此，读者在数字阅读

过程中所受到的消极影响与数字出版活动中的消极因素密切相关。消减数字出版生态的消极因素就是治理数字阅读负面影响的现实抓手。

抽象的数字阅读负面影响治理工作可依托于现实抓手的治理得以推进。要消解数字阅读负面影响，就是治理数字出版生态构成要素中的消极因素，如治理不健康与不科学的数字内容，优化一味迎合、文不对题等不合理的生产，教育读者改进不良阅读习惯、需求与动机，提升读者阅读参与与使用能力，解决这些相对好操作的一个个具体问题。

2. 要在阅读活动主体中寻求治理核心，抓住人的要素

人的要素在数字阅读负面影响的形成中起着决定性作用。数字阅读是否带来消极影响，带来何种程度的影响，与阅读内容、阅读环境有关，但最为根本的因素还是读者自身阅读素养。阅读行为习惯不好、阅读意识较差、阅读能力较弱的读者，数字阅读给他们带来的消极影响就相对较大；相反，消极影响就相对较小。

与负面影响相关的人的要素还包含网络文学的作者、网络编辑等内容生产主体。只有他们转变了倚重经济效益而忽视文化责任的生产观念，消极网络文学作品、文不对题的内容设置才可能从根本上减少。力促他们转变生产观念比治理消极作品、不合理生产要有效得多。

抓住在形成影响中人这一最为活跃的要素来寻求消极影响的消解是必须确立的治理核心。

3. 要在集中而突出的问题中寻求治理重点，以点带面

治理数字阅读的消极影响，要找到切入口，以点带面，稳步推进。例如，消极网络文学作品的治理就是一个很好的突破口。一是问题表现突出，存在淫秽色情、宣扬暴力、拜金、封建迷信、个人英雄主义等内容；二是影响对象特殊，多是辨别力差的青少年读者；三是后果隐蔽持久，消极思想、孤僻性格、淡漠权威心理造成的影响严重而深远；四是便于组织管理，网络文学作品的监管比普通信息的监管难度要小。目前，"扫黄打非"等部门对不良信息的治理取得了一定成效，而对极易带给读者隐性影响的消极网络文学作品的治理力度不够，亟须加强。

四、治理数字阅读负面影响的路径：净内容·优生产·提素养

依照治理要义与遵循，数字阅读负面影响的治理可从净化内容、优化内容生产、力促读者素养提升等几个基本方面展开，以数字内容及其生产的治理为抓手，紧扣"力促读者素养提升"这一治理核心，有重点、有层次地稳步推进。

1. 净化不健康与不真实的阅读内容：分类·判定·监测

不健康与不真实的数字阅读内容是形成负面影响的"土壤"。要治理问题内容，就要在海量信息中监测出来，监测的前提需要判定；而要判定，需要有判定标准。因此，治理问题内容要从研究问题内容的分类与判定标准开始。

首先，要明确阅读内容的问题类型。可把数字阅读内容问题按照性质区别为两类：一类是不健康、不积极内容，其问题可概括为传播不良生活方式和不良流行文化、违背社会公德和有损国家声誉、淫秽色情、暴力血腥、封建迷信、低俗庸俗、谩骂恶搞、诋毁他人与传播他人隐私八个层面。同时，八个层面的消极内容可分为"以作品存在的消极网络文学"和"以资讯存在的消极信息、短视频"两类，进行分类治理。前者诸如宣扬淫秽色情、不良生活方式、封建迷信、狂虐暴力和性享受无责任思想的作品；后者诸如戏谑英烈的恶搞视频、以暴制暴视频，以及各类消极资讯。另一类是不真实、不科学内容，可分为"喝绿豆汤可治百病"等养生类为主的伪科普信息，"碘盐对抗核辐射"等谣言信息，以及迎合信息、偏见信息、炒作信息等。

其次，要研究内容问题的判定标准。判定一部网络文学作品是健康积极的还是低俗消极的，需要有科学的判定标准。当前对判定的作品，在政治思想上的把关方面做得很好，但对作品积极性、健康性的判定标准很不明晰，多靠主观判断。下一步要着力研究网络文学作品的健康性判定标准，这就需要借助其他学科研究成果与方法，如文学领域的文学批评研究，充分发挥定性与定量研究方法的优势，完成网络文学作品健康性测量指标体系的构建。

最后，要研究内容问题的监测，借助技术推进治理。不健康的数字信息和网络文学作品数量很多，仅依靠人工监测很不现实，需要借助技术力量。对不健康数字内容的技术分级与过滤，可在当前单一层次的显性敏感词识别与过滤技术基础上，进一步研发与应用"针对多元化、多层次隐性问题内容的识别与监控技术"[5]。如已处于研究阶段的用来识别微信公众平台敏感信息的"基于数据挖掘原理的舆论领袖识别技术"[6]，研究如何推进其实践应用，用来监测相对具体的隐性消极内容。

2. 优化不合理的内容生产：分类·判定·监测

不合理的数字阅读内容生产是加剧负面影响的"推手"。治理内容生产问题也要从问题分类研究开始。

首先，要研究与判定内容生产的问题。从内容把关角度，研究按需出版、自出版等新出版方式是否更多强调满足读者多样性与个性化需求，而缺少对读者身份识别的设计，存在"不加甄别地推送内容给付费读者"的突出问题[7]。从模式功能角度，研究网络文学模式、移动聚合阅读模式等五大内容运营模式是否存在"注重阅读点击率而忽视内容健康性问题"。研究网络文学运营模式中是否存在"一味迎合读者需求而巨量生产"[8]问题。从生产实践角度，研究判定网络编辑在内容策划中存在"标题党"、链接与广告设置等问题。

其次，要研究生产问题的技术监测。对生产问题的技术监测，可在当前国际通行的分类分级规制体系有关"控制分层（代码层、内容层、物理层）技术"基础上，进一步研发与应用更为具体的识别技术。如已处于研究阶段的基于"支持向量机与K近邻结合"[9]"组合优化决策树"[10]等网络伪舆情辨识技术，基于区块链技术的网络谣言识别技术[11]，如何推进其实践应用，用来识别各类不真实与不健康信息的生产和读者不良阅读接受行为，是技术治理的一个重要方向。

3. 力促读者阅读素养的提升：判定·立制·涵养

力促读者阅读素养的提升，是消解负面影响的根本办法。当前媒介素养教育正在积极推进，成果丰硕，但多是预防问题产生的"锦上添花"式的媒介素养知识普及推广[12]。然而，面对已然出现的数字阅读负面影响，我们更需要推进"雪中送炭"般的阅读素养提升教育,以解决实际问题。

首先,要研究读者阅读素养存在的问题。可借鉴有关阅读文化、媒介素养研究成果,把"读者阅读素养"的基本内涵创新性地概括为阅读意识、阅读能力和阅读行为三个方面[13],形成研究体系,以便揭示问题。一是研究读者阅读意识不健康问题。看哪些是属于读者不健康的阅读需求(知识、休闲、刺激和审美需求等),哪些是不健康的阅读动机和阅读兴趣。二是研究读者阅读能力不够问题。看哪些是属于读者认知能力(即获取、分析、评价与传播各种信息的能力)[14]不够的问题,哪些是属于读者参与能力(即对媒介的内容及传播施加某种程度影响的能力)[15]不够的问题,哪些是属于读者使用能力(即利用媒介及信息达到目的的能力)[16]不够的问题。三是研究读者阅读行为习惯问题,如在计算机前一坐就是几个小时不起身,走路、开车还看微信,半夜在黑暗中看视频,学习或工作时看小说,该锻炼、团聚、做家务时抱着手机看。

其次,要研究构建针对性强的阅读素养提升教育体系。可构建以"改进读者阅读行为习惯""提升阅读意识""提高阅读能力"为基础框架的教育体系。在此基础上,推进教育方法创新,努力做到重点突出、以点带面、通俗易懂、形式活泼。要把问题突出的消极网络文学、谣言等的影响作为教育重点;把谣言与伪舆情的形成机理通俗易懂地宣传开来;把消极网络文学的类型、生产传播原理与现实危害生动活泼地加以介绍;把"冷暴力信息的形成""网络群体极化"等专业知识深入浅出地阐释给读者。让读者在一个个具体类型问题的认知中,领悟本质,逐渐改进阅读行为、意识与能力,提升阅读素养,从而从根本上减少负面影响。

最后,要构建"价值引导""产品涵养"等特殊教育机制[17]。系统地策划"主旋律高昂,正能量充沛"的优秀作品与内容,渗透与占领消极作品阵地,对消极作品形成一种强有力的竞争和挤压之势,引导青少年读者阅读消费那些主题健康、贴近生活的积极作品,塑造他们的人格,鼓舞他们的精神。

五、结语

关于数字阅读负面影响的治理,本文重点依据负面影响的抽象性特点,思考不同于显性存在治理对象的需要特别重视的地方。要全面、深入地治理数字阅读负面影响，可基于这些根本遵循、基本思路，进一步参照惯常的显性问题的治理原则和方法（如实名认证、积分管理、多方协同等），切实加以推进。

参考文献

[1]周斌.基于问卷调查的数字阅读负面影响实证研究[M].北京：人民出版社,2018.

[2]周斌,等.基于案例调查的数字阅读负面影响实证研究[M].北京：中华工商联合出版社,2018.

[3]周斌.数字阅读负面影响的现状调查与分析[J].编辑之友,2018(3).

[4]黄春平.西方传媒内容监管机制的历史考察[M].北京：社会科学文献出版社,2012(6).

[5]刘勘,朱怀萍,胡航.网络伪舆情的特征研究[J].情报杂志,2011,30(11).

[6]马宁,刘怡君.基于超网络的舆论领袖识别应用研究[J].中国科学院院刊,2012,27(5).

[7]孔嘉雯,陈兴昌.网络自出版内容质量现状及对策[J].现代出版,2017(4).

[8]谢波.网络文学生产：数字化、商业化与文学化的平衡[J].中国图书评论,2016(2).

[9]张宸.基于SVM与K近邻结合的网络伪舆情辨识研究[J].图书情报工作,2017,61(S1).

[10]罗嗣卿,王佳玉,李冰珂.改进的组合优化决策树谣言判别方法研究[J].计算机仿真,2018,35(2).

[11]马强,林浩瀚.基于区块链技术的网络谣言治理模式探析——以新闻平台 Steemit 为例[J].新闻论坛,2018(4).

[12]周斌.从"关注阅读经济"到"关心阅读效果"——我国数字阅读研究主线与目标评析[J].科技与出版,2019(3).

[13]柯平,闫慧.网络阅读文化的基本理论研究[J].图书馆工作与研究,2007(5).

[14]蔡骐.论媒介认知能力的建构与发展[J].国际新闻界,2001(5).

[15][16]周葆华,陆晔.从媒介使用到媒介参与：中国公众媒介素养的基本现状[J].新闻大学,2008(4).

[17]惜群,龚宝琴.我国网络灰色地带的治理路径[J].湖南科技大学学报（社会科学版）,2017,20(1).

在线有声读物平台用户行为影响因素探析
——基于技术接受模型的实证研究*

魏志鹏　张　丽

摘　要：为探讨在线有声读物平台用户使用意愿的影响因素，本研究通过问卷调查，基于技术接受模型进行实证研究，分析感知有用性、感知易用性、感知娱乐性、主导群体社会影响、资源优化程度、使用成本对用户使用行为的影响，并利用模型解释影响因素之间的关系及影响程度。依据研究结果，本文提出在线有声读物平台应注重内容质量、增加内容娱乐性、强化社交功能等建议。

关键词：在线有声读物平台；技术接受模型；用户行为；使用意愿

一、概述

随着数字网络技术的发展，信息传播途径变得越来越多样化，出版活动的形式、渠道与范畴也随之发生变化。在线有声读物平台便是众多依托新技术传播的新兴出版形式之一。有声读物是指以磁带、光盘、移动数字终端和其他音频方式为载体，以文字内容为主体，能够通过下载、在线等多种形式播放收听的录音制品。而"在线有声读物平台"是指运营并向用户提供通过网络媒体播出、下载等方式收听的有声读物的网络平台。

近年来，有声读物在阅读市场异军突起。据艾媒咨询发布的《2018—2019中国有声书市场专题研究报告》，2018年中国有声读物市场规模达46.4亿元，2020年预计达82.1亿元；2018年有声读物用户规模达3.85亿人，2020年有望增至5.62亿人[1]。由中国新闻出版研究院发布的《第十六

---

*本文发表于《出版与印刷》2020年第1期。

次全国国民阅读调查报告》中的数据显示，2018年，我国有近26.0%的成年人有听书习惯，其中有11.7%的用户选择使用"移动有声App平台"听书[2]。有声读物已经具备了一定的用户市场规模，初步形成了一个较为成熟的文化市场模块，具有很高的研究价值。

技术接受模型（Technology Acceptance Model，TAM）是戴维斯等基于理性行为理论提出的模型。该模型最初用于反映用户对于信息系统的接受情况，后被学术界广泛运用于解释用户行为影响因素的研究中。在中国知网以"技术接受模型的应用"为关键词进行检索，发现自2017年1月1日至2019年12月31日，有相关文献154篇，其中以信息科学（包括新闻与传媒、出版等）为研究视角的相关论文有62篇，占比40.3%，可见该模型在信息及出版研究领域的应用较为多见。

而单独以"有声读物用户行为研究（受众/用户调查）"为关键词进行检索，共发现10篇文献，均发表于2016年之后，可见针对有声读物用户的研究不多。

雷晓庆等发现高校学生对有声读物App的主要需求在于优质内容、易用的系统、用户深度参与感和正版音频来源，且他们的感受与体验受到年龄、专业和学历影响[3]。童云等指出用户对有声读物的需求在于空间场景化、内容定制化、渠道社交化和时间碎片化[4]。而同样采用技术接受模型对有声读物App的受众使用行为进行研究的叶阳等指出，软件的易用性、娱乐性会对用户行为造成间接影响，而有用性、社会影响会对用户的使用行为造成直接影响[5]。

以上述研究结论为铺垫，本研究拟运用实证研究的方式，对在线有声读物平台的用户使用行为的影响因素展开调查研究。

二、研究假设

技术接受模型认为外部变量会影响用户的感知有用性与感知易用性；感知有用性与感知易用性通过影响用户的使用态度，促使用户产生行为意向，最终导致实际的使用行为。在现有的使用技术接受模型的研究中，许多学者会根据各自的研究目的，适当地加入内外部变量来修正模型，以匹配实际情况。本研究保留了技术接受模型中的感知有用性、感知易用性、使用态度和行为意向，增加感知娱乐性、主导群体社会影响、资源优化程度与使用成本这四项可能影响用户使用行为的变量。以上变量的英文名称、英文简称及其含义见表1。

表1 研究变量及其含义

变量	英文名称	英文简称	含义
感知有用性	perceived usefulness	PU	感知有用性是指用户感觉技术对自己有用。用户通过平台获取对自己有帮助的知识信息时，会提升对平台的有用感知，进而对平台产生积极的使用态度
感知易用性	perceived ease of use	PEU	感知易用性是指用户感觉技术便于自己使用。用户在使用平台时越容易上手，越倾向于对该平台产生积极的使用态度
使用态度	attitude toward using	AT	使用态度是指用户在使用技术时表现出的积极或消极的感受。用户在使用平台时的态度越积极，越容易产生使用该平台的行为
行为意向	behavioral intention	BI	行为意向是指用户受到使用态度的影响而产生的行为趋势。用户对平台使用态度越积极，越会产生正向的行为趋势，进而产生使用平台的行为
感知娱乐性	perceived entertainment	PE	感知娱乐性用于反映个人沉迷于网络交互中，发现交互作用带来愉快的体验程度。用户可以通过平台的内容、互动感、社交功能等体会到使用乐趣，进而提升感知娱乐性
主导群体社会影响	social impact of leading groups	SI	主导群体也称初级群体。用户身边的社会环境会对用户使用某种技术时的行为、判断产生潜移默化的影响。社会环境对用户的影响来自不同的群体。其中，主导群体是形成用户社会本质的基础。该群体主要包括家人、同学、朋友等
资源优化程度	resource optimization	RO	资源优化程度是指平台内部资源的配置情况。一般包括资源数量、分类检索方式等
使用成本	cost	CO	使用成本用于表示平台产品的定价合理程度。平台对内容的定价越合理、营销方式越吸引人，用户就越倾向于认为平台易用性高

奈斯温等通过实证研究发现，用户获得愉悦的使用体验后会增加对平台的好感[6]，从而正向影响用户对平台的有用感知。王金健等通过实证研究发现，主导群体社会影响对用户的有用感知、使用态度和行为有正向影响[7]。朱晶认为平台的资源优化程度是影响用户使用态度的重要因素

之一[8]。她指出，平台的资源越多，资源分级越合理，检索越方便，用户就越倾向于认为平台易于使用。

在综合相关研究和理论后，本研究基于技术接受模型，依据实际情况，提出如下假设。H1：感知有用性（PU）正向影响使用态度（AT）；H2：感知易用性（PEU）正向影响使用态度（AT）；H3：感知易用性（PEU）正向影响感知有用性（PU）；H4：使用态度（AT）正向影响行为意向（BI）；H5：感知娱乐性（PE）正向影响感知有用性（PU）；H6：资源优化程度（RO）正向影响感知易用性（PEU）；H7：使用成本（CO）正向影响感知易用性（PEU）；H8：主导群体社会影响（SI）正向影响感知有用性（PU）；H9：主导群体社会影响（SI）正向影响使用态度（AT）；H10：主导群体社会影响（SI）正向影响行为意向（BI），见图1。

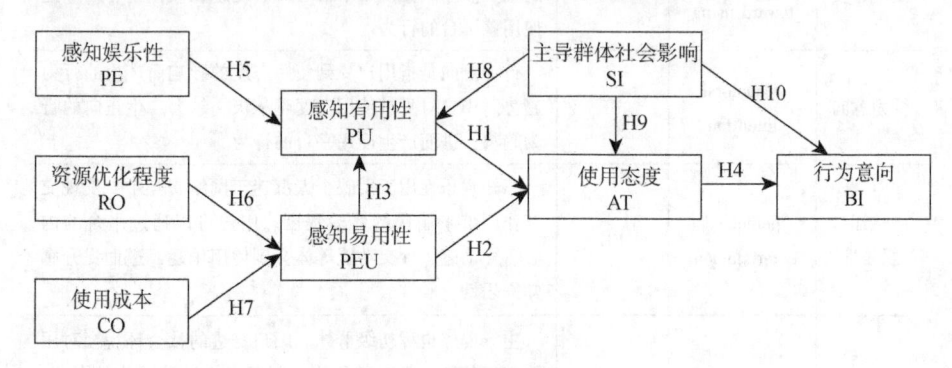

图1 理论假设模型

三、研究设计与结果

1. 问卷设计与统计分析

本研究的问卷分为两个部分：基本信息问卷与量表问卷。基本信息问卷统计了用户的性别、常用的平台、平台使用场景及付费态度。量表问卷则是根据研究假设，为每个潜在变量设置3~4个观测变量。为减少受访者的"趋中反映"，即倾向于选择"一般"等中间选项，本研究采用李克特6级量表，从1到6分别表示用户从非常不赞成到非常赞成的态度转变[9]。

本研究一共发放了300份纸质问卷，回收285份。剔除有明显填写规律的，如重复填写单一选项的问卷和未完整作答的问卷，共收到195份有效问卷，样本有效率为 68.42%。在有效样本中，男性占 46.67%，女性占 53.33%。被调查者经常使用的在线有声读物平台前三位为喜马拉雅 FM、知乎 Live 和荔枝 FM。有 58.75% 的被调查者会选择在大块的空闲时间中使用在线有声读物平台，略低于 59.38% 的被调查者在零碎时间中使用平台。愿意为有声读物付费的被调查者占总数的 67.69%，其中 25.76% 的人最高愿意支付的金额为 10.00~19.99 元，65.15% 的人最高愿意支付 5.00~49.00 元。

2. 信度与效度检验

本研究使用 Cronbach'α 系数进行信度分析。α 系数大于 0.8 表明问卷信度良好。同时，研究采用 CITC（校正项目总计相关系数）来检验数据的内部一致性。CITC 高于 0.5 说明问卷内部一致性良好。依据以上标准，笔者删除了 CO1、RO2 两项无效观测变量。检验结果见表 2。问卷总体 α 系数为 0.937，且每个观测变量 CITC 均大于 0.6，信度良好。问卷的观测变量因子载荷均大于 0.6，效度良好。

表 2 信度与效度检验结果

潜在变量	观测变量	因子载荷	CITC	Cronbach'α
感知有用性	PU1	0.750	0.843	0.892
	PU2	0.718	0.785	
	PU3	0.743	0.740	
感知娱乐性	PE1	0.654	0.700	0.849
	PE2	0.665	0.736	
	PE3	0.771	0.718	
使用成本	CO2	0.551	0.675	0.828
	CO3	0.581	0.734	
	CO4	0.638	0.648	
行为意向	BI1	0.667	0.723	0.883
	BI2	0.640	0.844	
	BI3	0.534	0.754	
感知易用性	PEU1	0.717	0.685	0.851
	PEU2	0.696	0.773	
	PEU3	0.655	0.707	

续表

潜在变量	观测变量	因子载荷	CITC	Cronbach'α
主导群体社会影响	SI1	0.686	0.682	0.845
	SI2	0.747	0.766	
	SI3	0.781	0.689	
使用态度	AT1	0.765	0.664	0.843
	AT2	0.755	0.787	
	AT3	0.647	0.678	
资源优化程度	RO1	0.725	0.750	0.857
	RO3	0.749	0.750	
总计观测变量/项		23	总信度	0.937

3. 模型构建与检验

温忠麟等建议采用如下指标和界值评价结构方程模型的拟合水准：非规范适配指标（TLI>0.9 视为良好）、比较拟合指数（CFI>0.9 视为良好）、近似误差均方根（RMSEA<0.08 视为良好）。此外，还可以报告卡方自由度比（CMIN/DF<2 视为良好），用来表示模型的简约适配程度[10]。

依据研究假设建立的初始模型拟合结果不佳。依据 AMOS 提供的模型修正指数（M.I.）和路径系数对初始模型进行大范围、结构性的修改后，重新建立了修正模型。检验结果见表3，修正模型拟合成功。修正模型标准化回归系数见图2。标准化回归系数用于形容变量之间的影响程度，系数越接近1，变量间的影响越大，解释能力就越强。

表3 修正模型检验结果及指标

参考指标	综合拟合指标	绝对拟合指标	增值拟合指标	
	卡方自由度比	近似误差均方根	非规范适配指标	比较拟合指数
界值	1<CMIN/DF<2	RMSEA<0.08	TLI>0.9	CFI>0.9
实际取值	1.924	0.069	0.934	0.945
检测情况	良好	良好	良好	良好

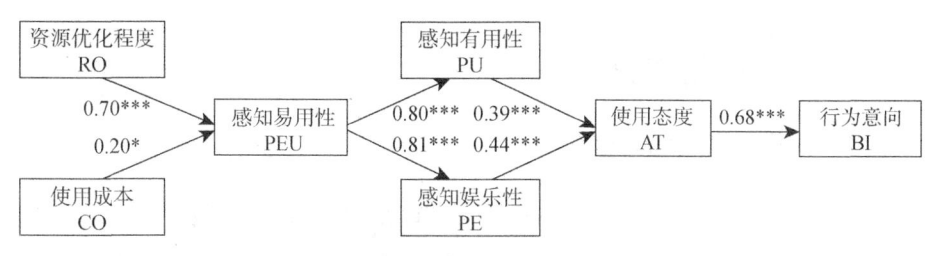

在线有声读物平台用户行为影响因素探析
——基于技术接受模型的实证研究

图2 修正模型标准化回归系数

注：*表示该路径 p 值<0.05，显著性水平可以接受；**表示该路径 p 值<0.01，显著性水平较高；***表示该路径 p 值<0.001，显著性水平极高。

研究结果显示，感知有用性和感知娱乐性对使用态度有着直接影响，进而会影响用户的行为意向。感知易用性通过感知有用性与感知娱乐性间接影响使用态度。而资源优化程度和使用成本又影响感知易用性。研究假设中所猜想的主导群体社会影响并不会对用户的使用态度和行为意向造成明显的影响。研究假设检验结果见表4。

表4 研究假设检验结果

	检验项目	Estimate	S.E.	C.R.	p	检验结果
研究假设	H1：感知有用性（PU）→使用态度（AT）	0.312	0.070	4.492	***	支持
	H2：感知易用性（PEU）→使用态度（AT）	0.091	0.142	0.640	0.522	不支持
	H3：感知易用性（PEU）→感知有用性（PU）	0.877	0.081	10.791	***	支持
	H4：使用态度（AT）→行为意向（BI）	0.878	0.097	9.021	***	支持
	H5：感知娱乐性（PE）→感知有用性（PU）	0.091	0.152	0.600	0.549	不支持
	H6：资源优化程度（RO）→感知易用性（PEU）	0.645	0.096	6.738	***	支持
	H7：使用成本（CO）→感知易用性（PEU）	0.217	0.094	2.302	*(0.021)	支持
	H8：主导群体社会影响（SI）→感知有用性（PU）	-0.815	0.653	-1.247	0.213	不支持
	H9：主导群体社会影响（SI）→使用态度（AT）	2.846	1.979	1.438	0.150	不支持
	H10：主导群体社会影响（SI）→行为意向（BI）	3.989	2.775	1.438	0.151	不支持
新增研究结论	感知易用性（PEU）→感知娱乐性（PE）	0.694	0.075	9.305	***	支持
	感知娱乐性（PE）→使用态度（AT）	0.446	0.095	4.705	***	支持

注：箭头用于表示前者对后者有正向影响，如PU→AT表示感知有用性正向影响使用态度。

*表示该路径 p 值<0.05，显著性水平可以接受；**表示该路径 p 值<0.01，显著性水平较高；***表示该路径 p 值<0.001，显著性水平极高。

四、结论与建议

1. 有用性需求仍是核心

从图2可知，感知有用性对使用态度的正向影响路径系数为0.39，且 p 值小于0.001，具有较高的显著性，说明感知有用性是影响用户使用态度的核心因素之一。如何让用户感觉平台有用是在线有声读物平台考虑的主要问题。除了提高平台本身的内容质量，笔者认为，明确平台定位也能帮助平台增加感知有用性。

2. 易用性诉求削弱，娱乐性诉求突出

技术接受模型的核心观点之一是外界因素通过影响用户认知层面的感知有用性与感知易用性，进而作用于用户态度层面的使用态度和行为意向，最终导致用户行为的产生。但是在上述的模型修正过程中，笔者发现感知易用性对使用态度的直接影响已经不够显著，从图2可知，感知易用性转而通过正向影响感知有用性、感知娱乐性来间接影响用户的使用态度。将技术接受模型运用到本研究数据时产生的偏差可能由三个原因造成。首先，我们处于信息爆炸的时代，用户接受新事物的能力快速增强，产品的易用性并不再成为影响使用态度的主导原因。其次，本次调研对象是北京市的在校本科生，他们处于学习阶段，吸纳知识的能力强，易用性不会成为其选择使用平台的主要考虑因素。最后，技术接受模型主要是用于描述人们对新兴技术的接受态度，而本次研究的描述对象是在线有声读物平台，虽然也是新兴出版技术，但依托的硬件是手机，本质是手机应用软件，发展时间长，且软件设计界面日益趋同化，用户已经基本习惯了使用模式，用户对易用性的感知区分度并不高。因此，感知易用性虽然仍然是用户使用行为的重要影响因素，但已不再成为用户接受在线有声读物的首要考虑要素。

如图2所示，感知娱乐性对用户的使用态度有着正向影响，路径系数为0.44，且 p 值小于0.001，具有较高的显著性，这标志着娱乐性成为促使用户使用在线有声读物平台的核心因素之一。

3. 社交功能还有待开发

因为移动网络具有很强的社交性和社群性，所以在研究开始阶段，笔者假设主导群体社会影响会对感知有用性、使用态度和行为意向有着正向的影响。但从研究结果来看，主导群体社会影响对用户产生使用行为的解释能力并不强。笔者认为原因有三点。首先，有声读物在内容形式上不适合社交分享。与文字信息不同，音频信息具有很强的线性，用户不能快速地浏览，只能从头听到尾，所以它的社交分享性并不强。其次，在线有声读物平台虽然作品丰富，却很难产生类似视频领域的现象级作品。大多数用户沉浸在自己感兴趣的有声读物领域，很难与周围的主导群体形成兴趣社群，进而开展社交活动。最后，移动互联技术的发展让更多的用户能在网络上轻松找到与自己观念相似的兴趣社群。与主导群体被动的影响不同，网络兴趣社群对用户的影响一般是用户主动选择与接受的，这也就导致了用户在某些方面排斥与主导群体社交，而选择加入网络兴趣社群的社交活动。主导群体的意见对用户使用行为的影响自然就被削弱了。

本研究通过技术接受模型描述了感知有用性等变量对用户使用行为的影响路径，通过比对研究结论与传统技术接受模型，可以发现影响用户态度的核心因素已然变迁。如上文分析，该变化可能是研究样本选择造成的"偶然"，但其中也可能包含着由宏观技术环境影响的"必然"，这也需要更多的实证研究去验证。值得思考的是，任何技术理论并非一成不变，在时代的脉动中体悟技术变化的趋势，或许才是做出好的技术产品的关键。

参考文献

[1]艾媒大文娱产业研究中心,艾媒咨询.艾媒报告|2018—2019中国有声书市场专题研究报告[EB/OL].(2019-01-23)[2020-02-02].https://www.iimedia.cn/c400/63471.html.

[2]中国新闻出版研究院全国国民阅读调查课题组.第十六次全国国民阅读调查报告[J].新阅读,2019(5):45-47.

[3]雷晓庆,韩思雨.关于高校用户使用有声读物App的调查及分析[J].晋图学刊,2019(3):65-72.

[4]童云,周荣庭.论有声读物的用户需求及其超媒介生产策略[J].现代传播(中国传媒大学学报),2018(5):103-109.

[5][7]叶阳,张美娟,王涵.有声书App用户使用行为影响因素分析[J].出版发行研究,2017(7):34,38-41.

[6] NYSVEEN H, PEDERSEN P E, THORBJORNSEN H. Intentions to use mobile services:Antecedents and cross-service comparisons[J]. Journal of the Academy of Marketing Science,2005,33(3):330-346.

[8]朱晶.基于TAM模型的研究生移动学习影响因素研究[D].济南:山东师范大学,2015:18.

[9]陈阳.大众传播学研究方法导论[M].2版.北京:中国人民大学出版社,2015:62.

[10]温忠麟,侯杰泰,马什赫伯特.结构方程模型检验:拟合指数与卡方准则[J].心理学报,2004(2):186-194.

智能交互有声阅读价值内涵、内容体系及优化路径探析*

黄 莹 郭巧敏

摘 要：本文基于实证研究来考察智能交互有声阅读的价值内涵、内容体系和优化路径。研究认为：在深度学习、情感识别技术的推动下，智能交互有声阅读具有交互性、伴随性、拟人性等价值内涵，有声阅读业态得以重构；技术赋权下，智能交互有声阅读的内容产业体系建设应从生产逻辑、发展前景、价值延伸等方面予以把握；未来智能交互有声阅读可以通过转变传播语态、打造"魅力人格体"，持续探索场景适配、升级多链路内容体系，拓展内容的价值边界、为用户提供多元个性化服务等方式实现优化。

关键词：有声阅读；阅读方式；智能化；语音交互；听书

移动互联网时代的到来和移动终端的发展使得移动有声阅读成为近年来兴起的热门阅读方式。而在传播载体变迁视域下，语音交互、虚拟现实等技术革命则进一步带来了阅读方式和出版产业的变革。智能语音技术作为人工智能的重点发展方向，与同属"声音系"的有声读物有天然的契合点。其所具有的交互性和沉浸感颠覆了人们固有的阅读方式、阅读习惯和阅读情境，并朝着服务化和智能化的方向发展[1][2]。

从媒介进化论的视角来看，智能交互有声阅读是符合媒介进化规律的必然产物，与传统阅读异质互补、相融相生。在有声阅读泛在化的现实图

---

* 本文系国家社科基金重点项目"我国图书出版企业社会效益评价体系构建与应用研究"（编号：17AXW007）阶段性研究成果。

本文发表于《中国编辑》2021年第2期。

景下，智能交互有声阅读领域仍缺少丰富的在地性经验研究、学理体系的搭建，尤其是概念特征、创新实践等方面尚待探讨。因此，笔者在2018年3月至2019年6月对30名使用智能音箱来获取智能交互有声阅读且使用时间不少于三个月的用户进行深度访谈，基于相关文献的梳理和访谈文本的编码来考察智能交互有声阅读的价值内涵、内容体系及未来优化路径。

一、智能交互有声阅读的价值内涵

在深度学习、情感识别技术的推动下，有声阅读朝着移动化、交互性、沉浸式、服务性的方向发展，打造出智能交互有声阅读新生态。笔者认为，智能交互有声阅读是在有声阅读和智能语音交互技术融合发展的基础上所带来的阅读活动和体验，并具有交互性、伴随性、拟人性等价值内涵。

1. 交互性

麦克卢汉认为，声觉空间使原本屈服于视觉的其他感觉得以恢复，并通过多种感觉之间的彼此互动，形成一种多元共时性关系，帮助人们重组被电子技术碎片化的空间[3]。在智能交互有声读物营造的声觉空间中，统一的空间感与线性的时间感得以交汇，同时基于口语化的语音交互方式给用户营造出强烈的临场感。

首先是阅读方式的有声化。有声阅读是智能语音交互阅读的基础，即阅读内容以声觉方式呈现，阅读载体和终端加入了声觉传播元素。近年来，全球流媒体消费中移动有声书的消费比例快速上升，成为媒介更迭的巨大驱动力。正如人类的知识传统是从口头文化时代开始的，有声阅读的兴起有着深刻的社会根源。尤其是在当今信息爆炸与时空压缩的"液态"社会，听书这种阅读方式因便捷性、耗时少等特点而更加受到用户青睐。

其次是用户服务的语音交互化。这意味着用户通过简单的语音命令控制人机交互，以对话和聊天的形式获知故事情节。语音交互技术是指语音与其他媒介之间通过语音识别、语音合成和语义理解技术来实现自由互动和转化，从而理解用户的意图、与用户对话，其要点在于交互性且具有迭代趋向[4]。因此，智能交互有声阅读可以使用户在阅读过程中与智能语音助理开展即时性交流，让原先处于被动接受状态的受众变成具有自主性的用户。基于语音交互技术，用户不仅可以唤醒设备来执行阅读，还可以将自己变成故事中的主人公、自定义故事走向、调整人物出场顺序、自主选择自己喜欢的名人作为讲述人。而在需要用户决策的交互点上，智能语音助理通过分析用户的应答反馈，基于用户的不同选择，自动延伸至个性化的故事路径，实现知识的多轮次、递进式呈现和精准化、差异化服务。

2. 伴随性

有声阅读以跨媒介、日常化和强伴随为特征。在智能移动载体的支持下，基于语音控制的智能交互有声阅读已经渗透到日常生活中。这一伴随性表现在用户进行智能交互有声阅读的同时，可以伴随着一些不需要高度集中精力的习惯性行为。进一步而言，基于语音交互的口语传播可以在日常生活中起到微观协调作用，赋予人们在日常生活中更多的灵活性与应变能力，将用户从固定的时空互动情境中解放出来。用户不仅能够随时随地收听，还能与智能语音助理互动与分享，兼具便捷性和社交性。由此，充分发挥了语音交互的时空效能，改变了有声阅读的生产系统和服务模式，更新了有声阅读的内容消费方式。

3. 拟人性

智能交互有声阅读的拟人性和类人化设计给用户带来情感共鸣与娱乐化的认知体验，从而将智能语音助理视作家庭中的"类人物"。这一借助"口语"形态的传播模式降低了用户阅读和接受信息的门槛。

首先，5G高速传输性可以无时滞地对用户的在线提问即时反馈，提升交互性和临场感。其次，基于算法和用户的使用数据，智能语音助理在和用户聊天的过程中为用户输出精准信息，带来具身化、情感性的感官体验，改变了传统的意义建构方式。最后，情感识别技术使得有声内容拟人化，同时还能将智能语音助理的语气、情绪和情感倾向与用户所处场景、情绪状态进行动态匹配；为用户定制专属音色及与情感导向相匹配的有声读物，实现有声阅读与用户的智能连接。未来，以语音交互技术为代表的新兴科技将具有更高智能和自主性，智能语音助理将作为"传播者"参与到传播网络中。技术与人之间的传播越来越趋近于类人化的人际传播，智能媒介将迎来情感化的转向。

二、智能交互有声阅读内容体系建设

信息与媒介深度融合从根本上影响着内容生产的创新,智能交互有声阅读的内容建设不能完全照搬以往的经验。依托用户和人工智能系统之间的传播,智能交互有声阅读开始介入内容生产过程。有声阅读不再仅仅是纸质阅读的有声化,而是成为内容生产的新底层支撑。因此,在人机交互和网络化的双重内容生产逻辑下,通过精准定位和搭建垂直类知识服务闭环,一个以数字化、网络化、智能化为核心的智能交互有声阅读内容生态正在快速形成。

1. 生产逻辑:人机交互节点、个性化内容输出与共建共享知识图谱

智能语音技术在内容创作自动化、内容编辑辅助、内容制作增效、交互模式创新等环节日益得到广泛应用。

首先,与传统阅读不同的是,用户在进行语音交互阅读行为的同时,人工智能虚拟助手会和用户进行交流并引导谈话。依托于人机交互与内容流的深度适配,系统在输出内容的同时,也在预判可能出现的人机交互节点并挖掘知识点,提高阅读趣味。

其次,系统实时收集用户的动态反馈,并挖掘出用户的隐性需求,对内容体系进行顶层设计,加快个性化内容的迭代输出。因此,内容服务方不仅需要依托算法来分析不同细分场景下的用户共性需求与行为特征,更需要不断对用户知识需求进行预判和诊断,准确地挑选出用户想听的内容。目前,各大阅读平台致力于搭建能够自动理解、全面识别、智能匹配用户学习需求,以及建立评价诊断机制的终身学习链路的内容体系,实现千人千面的内容服务。

最后,内容服务方应基于用户不同程度、不同目的的求知需求,分解产品形态和内容知识,将知识点打散并重组;搭建学科知识体系,增强内容附加值。基于深度学习技术,大量的用户行为数据和语音命令都会被系统学习,知识图谱得以多轮次、递进式的修正和完善。因此,借助智能算法和交互式的反馈机制,用户通过即时性交流可以将自己的观点和感受补

充到某一主题下的知识网络中,从而参与并丰富他人的知识建构,最终形成所有用户共同构建的参与式生产、多模态的知识图谱,实现知识的共建共享,知识的网络化效应将愈加凸显。

2. 发展前景:搭建儿童类智能交互有声阅读内容体系

数字阅读已经发展成为阅读的主要方式,受到阅读市场的广泛关注。同时,在读者需求不断精细化的时代背景下,智能交互有声阅读的构建及完善需要多种优质内容资源的积累。以图像和有声化为主的数字阅读更加符合儿童认知发展规律,可以更有效地让儿童参与到阅读过程中,因此具有更广阔的发展前景。新一代的儿童将是第一代人工智能原住民。他们的阅读体验中将伴随着语音控制设备、人工智能老师、早教机器人、智能语音助理等前所未有的人工智能自动化。有声阅读和智能交互技术的结合,建构起智能传播情境,打造出高度还原父母声音的多元立体式"声音超市",成为个性化的伴读式"父母"。

一方面,聊天机器人与儿童开展的互动对话性的阅读课程、基于上下文情境训练的问答模型和对话式的学习系统可以提高事实类知识的学习效果,儿童和机器人老师还可实现积极互动。同时,在儿童阅读和通识教育上,家用智能音箱基于交互技术的自动化诗词接龙技能则加强了学习的互动性和娱乐性,可以提高儿童在识字和理解上的能力。另一方面,智能交互有声阅读的 IP 运营机制和内容品类逐步成熟。如主打儿童音频市场的"凯叔讲故事"等国内儿童内容服务平台在亲子阅读、国学启蒙、英语启蒙、通识教育上已开发出较为完备的内容体系。此外,儿童智能交互有声阅读尤其注重内容的趣味性和体验感;注重启蒙、陪伴和儿童阅读习惯的养成,满足好奇心、求知欲、陪伴性等成长需求。伴随儿童对内容细分化的需求,以及用户付费习惯的养成,面向儿童的智能交互有声阅读产业规模将持续增长。

3. 价值延伸:由泛到精的垂直化知识服务闭环

随着用户内容消费需求升级和智能语音技术迭代,智能交互有声阅读内容供给侧快速发展。除商业、求职、健康、母婴等多个赛道外,内容服务方逐步调动垂直行业资源,在细分领域寻求突破,深耕服务分层。尤其是推动线上线下知识服务在学习、实践等多环节的联动，搭建能够持续追踪、跨域理解、定期诊断的链路，实现知识服务闭环。

根据不同知识点的难易程度和商业经济、科技前沿、自我提升等特定主题，产业界设计出在通勤途中和工作间隙即学即用的"短、平、快"产品，帮助用户完成知识积累与自我提升，促进用户形成终身学习的习惯，回归主体性的深度思考；而围绕文学艺术、哲学历史等经典主题，则以生活审美化的方式塑造用户专享的私人声音世界[5]。

此外，智能交互有声阅读领域更以产品化思维打造高价值感的垂类知识服务体系，如在党建学习、国学、农业信息等方面搭建多维度产品。在阅读和学习的过程中，人工智能主播通过和用户的语音交互来获得反馈，并基于一整套的评分系统对用户的学习效果进行诊断；同时，通过伴随性评价体系及个体学习的诊断来验收学习成果和规划下一步学习路径。

三、智能交互有声阅读的优化路径

在智能交互技术赋能下，有声阅读将不再只是作为声音留存、声音编辑、声音输出的载体，而是在有声出版产品生产环节中成为上下游的链式关系，革新产业价值和社会价值。当前，智能交互有声读物依然存在生产规律未定型、技术应用尚待完善及版权保护不规范等问题[6]。因此，智能交互有声阅读产业可以考虑从以下路径实现优化。

1. 转变传播语态，打造"魅力人格体"

当下的传播实践已从传统的信息传播范式转向斯蒂芬森的游戏范式[7]，感性、沉浸性、拟人化体验越来越成为主导逻辑。在媒介深度融合的当下，传播主体、传播场域和受众的复杂组合关系使得语体融合和语态转变不断发生。笔者在分析访谈文本时发现：智能语音助理亲民化、接地气的共情话语与诙谐幽默的柔性表达，以及融合口语语体和网络语体的话语体系，深受用户喜爱，成为儿童的"老师"和"朋友"。在与智能语音助理和主播的互动与分享中，用户会使用亲昵的称谓，这种亲切的称呼避免了正式称谓带来的距离感。同时，智能语音助理常使用生活化的事物作比喻，在引导式阅读中增进了情感对话，能够满足用户强烈的娱乐、消遣、释压需求。

进一步而言，智能交互有声阅读可以打造"魅力人格体"，通过拟人化风格的语态成为类人化的"传播者"，使得产品"人格化"。这不仅可以将自上而下的文化价值观指导和自下而上的产品实践相结合，而且可以借助情感化属性来建立阅读长效机制。

2. 持续探索场景适配，升级多链路内容体系

智能交互有声阅读产业应提高个性化场景的定位与运用能力，将个性化兴趣引导与场景针对性进行深度结合。一方面，用户阅读场景的智能化、多样化趋势将越来越显著。用户对知识的汲取方式不仅是可读、可看、可听的形态需求，更是晨起、睡前、工作间隙或通勤路上的不同时空场景需求。另一方面，随着物联网的发展，智能交互有声阅读将重新构筑物理世界抽象层，在更大范围内与智能设备进行整合联网使用。因此，智能交互有声阅读将会成为知识服务的重要载体。未来的内容产品需要打通场景的一整套要素，除了空间、时间与环境等要素外，还有用户的实时状态、生活习惯、社交氛围等，内容服务方可以基于以上场景要素和用户的阅读需求进行个性化与智能化的引导。

智能交互有声阅读还需要注重图书 IP 多链路开发、用户生产内容（UGC）创作及头部资源开发，实现内容的精品化、专业化升级。内容服务方可以在出版社授权合作的基础上，基于社群化运营发挥 UGC 原创力，激发用户对于精品 IP 的改编和再创新，推动更多个性化 UGC 的涌现，提升内容产销的良性循环。如访谈中受访者提到，希望能够基于热门 IP 形成广播剧、有声书、互动剧、动漫、游戏等衍生开发品，以实现用户的高质量改编和二次创作。同时，也可以基于人工智能技术模拟各种真人声音，自动化生成读书或虚拟主播，与读者互动，引发"创作—消费"的连锁变化，深度链接内容与用户。

3. 拓展内容的价值边界，为用户提供多元个性化服务

智能交互有声阅读内容服务方应该直面用户需求，不断迭代产品，加速产品团队向内容制作人的转型，提升对内容的把控能力；同时，对触达用户的方式与情境、互动的节点和可能路径进行研究，以实现产品的精准化分发。此外，将内容供应链管理、用户研究、主播培养、社群互动、运

营服务、竞品分析等纳入工作流程，实现盈利模式、服务方式和生态运营的创新，拓展内容的价值边界。

智能交互有声读物出版方需要转变思路：一是为用户提供便捷、高价值、精准化和动态化的阅读服务，创造内容入口、提升用户黏性；二是为优质的内容创作者提供专业化出版服务，打造平台的鲜明个性；三是基于用户多场景使用轨迹的追踪，强化与用户日常生活的关联性，提供更多元的个性化服务。

总之，以计算科学、人机交互和混合现实为支撑的智能交互有声阅读将会进一步嵌入用户日常生活，并逐渐搭建起在多元场景中切换和衔接的媒介框架，重构物联网背景下知识传播体系的规则和社会秩序。

参考文献

[1]余人,白林丰.语音交互技术在出版实践中的应用[J].编辑学刊,2018(6):13-19.

[2]刘一鸣,高玥.人工智能语音在有声读物中的应用研究[J].出版发行研究,2019(11):35-39.

[3]高慧芳.论麦克卢汉的声觉空间与视觉空间:对麦克卢汉媒介思想的一种新理解[J].国际新闻界,2016(4):79-93.

[4]袁彬,肖波,侯玉华,等.移动智能终端语音交互技术现状及发展趋势[J].信息通信技术,2014(2):39-43.

[5][6]杨春磊,刘远军.我国有声书的出版:现状、瓶颈与对策[J].中国编辑,2020(8):87-91.

[7]喻国明,杨颖兮.参与、沉浸、反馈:盈余时代有效传播三要素[J].中国出版,2018(8):16-22.

传统出版社在数字化阅读发展中的主导作用[*]

韩江雪　叶文芳

摘　要：由于高新技术的出现及移动设备的普及，数字化阅读占领了越来越多的读者群体，面对巨大的数字化阅读市场，如何在已经由平台掌握了流量的现状中进行布局和转型成为每个传统出版社必须面临的问题。传统出版社在数字出版产业发展的关键时期积极转型，主导数字出版产业的发展，对于出版社及整个数字化阅读产业而言是双赢的。本文通过分析当前数字化阅读产业存在的问题，提出了传统出版社的转型方式，以期提升传统出版社的核心竞争力，为传统出版社引领数字化阅读长久、健康的发展提供参考。

关键词：数字化阅读；传统出版社；转型

一、我国数字化阅读产业发展现状

随着数字技术的发展与移动设备的普及，数字化阅读积累了越来越多的用户。国家政策支持及便利精细的排版软件、统一的文件标准提供了良好的技术环境，数字化阅读风头强劲，数字化产业整体规模稳步上涨，2017年数字出版产业的产值已经超过40亿元[1]。

随着数字化阅读产业的发展，数字化阅读的定义也更为丰富，即具有资质的企业或个人生产制作及发行以数字文件为内容载体的公开出版物。数字化阅读的形式也从将纸质书内容电子化变为融合声音、画面、AR、VR等多种技术的融媒体出版[2]。

我国当前的数字化阅读的发展形成了以作者为上游、产出优质的内容，

---

[*] 本文发表于《北京印刷学院学报》2019年第1期。

出版社作为中游、为平台提供内容数字化授权,数字化出版平台作为下游、为用户提供数字出版物及阅读器的产业链(图1)。在这样的产业链中,数字化出版平台虽然处于下游的位置,却在合作谈判中占据主导位置,掌握着电子图书的定价权,过低的电子书定价使出版社的利润空间很低,降低了出版社参与数字出版的积极性。

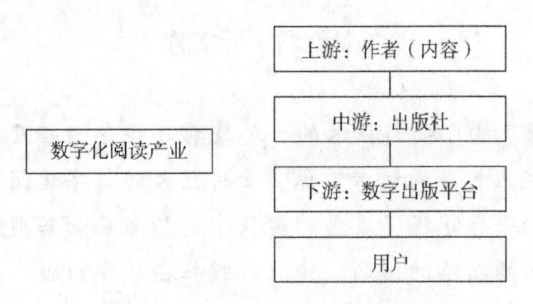

图1 我国数字化阅读产业链

二、欧美国家的数字化阅读发展形势

欧美国家的数字化阅读发展始终由传统出版社进行主导,在数字化阅读发展之前欧美国家的出版市场已经形成了出版巨头占据大部分出版资源的模式[3]。因此,当这些传统出版巨头进军数字化阅读产业时,其各自丰富的纸质书内容资源快速转化为第一批数字化内容,为传统出版社在数字化阅读进程中占据核心位置打下了坚实的基础。

在随后以亚马逊、谷歌为首的出版平台的崛起中,传统出版社始终以积极的姿态与出版平台进行合作,同时维持自身的内容资源优势,通过战略性并购进行内容资源的优势互补,使数字化阅读内容得到整合与集中,进一步扩大了自身规模。

随着数字出版产业的发展格局日益清晰,欧美各大出版企业开始为公司"减重",放弃与自己公司主要业务不相关的资产与内容,向更加专业、垂直的方向发展。例如,排名在世界前三的科技出版商之———约翰·威利父子公司在2012年出售了大众出版业务,将经营力量转向其核心的全球教育、学术领域。约翰·威利父子公司认为:数字出版的未来应该是出版商在特定的领域提供专业化的可以改变读者生活的内容服务,而大众领域的信息如旅行、烹饪等都可以从网上获得。剥离与主营业务不相关的资产使企业在更加精细的同时也使企业更加垄断。

欧美国家传统出版社的数字化阅读发展进程见图2。

前期：纸质内容电子化　　扩张期：合作与并购　　成熟期：剥离不相关业务

图2　欧美国家传统出版社的数字化阅读发展进程

三、我国数字化阅读产业存在的问题

无论是传统出版还是数字出版，出版社都是整个出版流程中不可缺少的重要环节，扮演着不可或缺的主要角色。出版社现有的出版资源、整个行业完备的体系架构，是数字出版行业很难在短时间内积累的。当前我国的数字出版平台还处于圈地状态，以流量、月活、点击作为首要评判标准的互联网式思维[4]，既受到我国出版法律法规的制约，又难以保证持续输出优质内容以满足广大用户的精神文化需求，并且还会由于平台间的商业利益纠纷互相损害。

当前我国的数字出版分发平台具有五种形式：运营商平台、电商平台、社交平台、移动阅读平台及电子阅读器。它们各自在数字化出版进程中发挥着重要作用，然而其各自的短板导致其无法引领数字化阅读行业的健康发展（表1）。

表1　我国数字化出版平台的特点、优势与不足

平台形式	代表	特点	不足
运营商平台	沃阅读、天翼阅读	通过在用户的手机中预装应用的方式积累了第一批数字化阅读用户	今天的手机产业链处于后运营商时代，真正把控消费者的不是运营商而是产品本身。各大手机企业不再由运营商以包销的形式销售，而是自建渠道或采用电商平台直接与消费者进行对接，这种销售形式的变革，使得产品的体验成了手机的核心竞争力。而为了保证体验，在软件的预装上，很多手机会格外谨慎，以至于像IOS类的平台，甚至不允许预装运营商软件

续表

平台形式	代表	特点	不足
电商平台	当当、京东	通过经营图书类产品与出版社建立了良好的关系，能够获得丰富的内容资源。同时，也有大量的购书用户能够转移到数字化阅读中	在电商平台的发展初期，依靠非常低的电子书定价拉拢用户破坏了出版市场，同时也影响了出版社正常运营，更影响了消费者对于更高定价的电子书的接受
社交平台	微信、豆瓣	自身具有大量用户的优势，更赋予了阅读社交属性，使阅读变得不再私人化	能够通过社交网站分享的阅读内容必然是小篇幅的、碎片化快捷的阅读，内容篇幅大、专业性强的内容很难具有社交属性，因此社交平台依然主要是作为图书的宣传推广平台
移动阅读平台	掌阅	深耕网络阅读，积累了一批核心用户，并且发展了听书等业务	核心竞争力的内容方面面临着各平台的内容差异逐渐缩小，电子书的种类、数量各个平台逐渐趋于稳定的危机，需要寻找更多的新盈利点
电子阅读器	汉王、QQ阅读器、京东阅读器	一般使用电子墨水屏进行显示，更接近于纸质书的呈现效果，具有便捷、护眼等特性	电子阅读器功能单一、彩色电子墨水屏在技术上没有取得突破及电子阅读器在国内同质化严重、性价比低等原因都限制了电子阅读器的发展

四、传统出版社主导数字化阅读发展的建议

传统出版社成为数字化阅读发展的关键在于变革，数字化阅读产业的发展具有互联网行业的跨界融合、连接一切的特征，这一特征能够在传统的出版行业催生出新的服务与新的商业模式，使传统的出版行业能够在创新的驱动下重塑结构，引领数字化阅读长久、健康地发展。

1. 转变经营理念，制定经营战略

经营战略是出版企业对长期的经营目标、运营方式及组织方式、资源配置形式的整体战略[5]，出版社的数字化产业发展首先应转变经营战略，重新塑造出版社的竞争优势。

经营战略的转变首先要转变传统出版社中成员的发展理念[6]，增强创新、共赢意识，使出版社的经营者、管理者、执行者意识到，数字出版环境下读者阅读场景的变化使出版社从单纯的出版书籍变成了内容服务的提供者[7]，转型是生存发展的需要。其次要在战略运营中加入互联网的思想，整合自身资源，找到经营突破点，明确自身特色。

当前出版社的发展战略有两个方向：一是向专业化、精品化方向发展。这样的发展战略需要的资金较少，资源相对集中，适用于中小型出版企业的发展。二是向集团化、规模化的方向发展。集团化的发展战略更适用于互联网时代多种数字出版形式的新业务尝试。

2. 编辑向作者经理人转型

在出版社的转型中，编辑作为出版社中最重要的人才资源掌握着选题策划、内容把控、稿件审核、版权处理等出版行业专业技能，在传统的图书出版流程中，编辑人员的主要职责是选题策划、组稿、与作者签订合同、编辑加工整理、排版、审稿、整体设计、付印、宣传、取得读者反馈，在这样的出版流程中，编辑主要在内容的把控、修改方面发挥作用。而在数字化变革中，编辑人员应更多地向图书经理人的方向转型，从把控内容变为运营版权[8]，在选题策划的过程中，不要仅仅将出版形式局限在纸质图书中，而是要根据阅读场景的变化将选题分发到合适的出版形式中，如听书、影视剧等。

编辑在数字化转型的过程中更多地扮演作者版权经理人的角色，成为作者与更多出版形式之间的中盘，帮助作者找到适合的出版形式，并帮助作者与产业链的下游公司联络，将版权应用到最大化，形成版权矩阵，进行作者团队的版权维护，更好地为作者服务，为出版单位赢得更多的经济效益。

3. 跨界合作，拓展阅读边界

故宫博物院与中央美术学院跨界合作出品的互动类图书如《韩熙载夜宴图》《紫禁城祥瑞》等，以其新媒体环境下的用户与界面的良好交互，以及融合媒介的体验受到了大家的欢迎；北京的 the design 设计团队开发了两款介绍传统手工艺的应用《折扇》《卯榫》。当前的互动应用制作非常精美，并且十分具有艺术性，但是制作成本高、开发时间长、缺乏盈利能力等短板使国内的互动图书应用只停留在小范围开发。

引领数字化阅读产业的发展，传统出版社应转变自己在数字化阅读产业链中的定位，在坚持提供优质的内容产出的同时也要使数字出版形式更加多样化，建立跨国、跨行业的协作出版，进行多领域、全方位的企业联合，不断拓展数字化阅读的边界，带领数字化阅读产业探索发展。

4. 转型管理模式

出版社的管理模式是指出版单位的组织架构、管理制度及出版流程、人才考核体系等，管理模式的转型是战略转型的基础，是战略规划的第一步，只有管理模式适应战略目标的发展，才能够促使出版社顺利转型。

在数字出版变革中，出版社应建立更加适合数字出版产业发展的管理制度，精简架构，建立更合理的人才考核体系，提升出版社的内容、技术、人才等核心竞争力。

无论是传统出版还是数字出版，出版行业首先是内容产业，出版社的价值也体现在其拥有的内容数量和质量，只有拥有了优秀的内容，才能够更好地提供知识服务。其次出版行业应关注技术的提升，数字出版的发展离不开先进技术的保障，出版大数据、云计算、移动互联已经成为数字出版行业发展的主流技术，虚拟现实及人工智能等智能化信息服务技术改变了出版行业的生态，技术环境瞬息万变，出版社需要理解新兴技术并且增加对新技术的把控能力，更好地对新技术加以应用。最后在人才方面，出版单位应合理规划人才分布，建立专业化、现代化的出版人才队伍，合理配比管理人才、技术人才、出版专业人才及运营人才，培养行业领军者。

五、结语

数字出版的市场规模及用户需求的快速发展是非常值得出版行业重视的趋势。一方面,它为出版行业的数字化带来了全新的机遇;另一方面,也直接或间接导致了传统出版主体业务急剧下滑。基于此,出版行业需要在新型出版平台尚未处于纷争的阶段快速布局,利用自身资源与管理优势,积极调动传统出版主体和从业者与新平台之间构建新的产业链,创造新场景下的数字化阅读商业模式。

在这样的愿景下,本文提出了以出版社为主体的具体执行方案,一方面考虑到出版社在新型商业模式下的重要位置;另一方面考虑到出版社及出版从业者积极转型的态势。本文认为,在传统出版行业转型的过程中,出版社会以中坚力量出现,积极推动这个产业链的形成,从而达到完整闭环。

参考文献

[1]张新新.加速推进传统出版与新兴出版动能接续转换——2017年数字出版盘点[J].科技与出版,2018(2):27-32.

[2]王晓光,金秀坊.数字出版何去何从——2017年数字出版研究综述[J].出版广角,2018(3):11-15.

[3]陈凤兰.联营、并购与渠道——欧美国家学术类出版物的出版现状[J].出版广角,2005(11):70-72.

[4]陆昱."互联网+出版":挑战、对策与前景[J].陕西行政学院学报,2015,29(4):42-45.

[5]马椿.中小出版社经营战略管理研究[J].管理观察,2013(19):15-16.

[6]邓宁丰.中小专业出版社经营管理问题初探[C]//中国编辑研究(2013).北京:人民教育出版社,2015.

[7]任健,郭杨潇.互联网出版的三种新业态[J].重庆社会科学,2015(10):85-93.

[8]欧阳峰,赵红丹.互联网出版商业模式的版权管理问题及其解决方案[J].太平洋学报,2007(10):80-85.

数字出版产业研究

对融合发展本质与路径的一些思考*

郝振省　汤雪梅　宋嘉庚

摘　要：融合发展的过程并不是简单的数字化过程。首先，应在横向上确定融合主体，对其功能定位、资源禀赋、表现形态、生产模式、盈利模式等做出清晰的对照；其次，应在纵向上回顾融合发展的历史过程，包括全媒体、融媒体、跨媒体三个阶段；最后，选择最优的融合路径。这个从本质探究到路径选择的过程，实际上是生产力与生产关系相互作用的体现。

关键词：融合发展；本质；路径

一、问题的提出

今天，当我们谈论融合发展时，我们已经在头脑中形成了对融合主体的一般性共识，那就是传统媒体和新兴媒体的融合发展。两者的融合，可以简单理解为数字化与非数字化的融合。以出版领域为例，人们更多的是从"传统出版向数字化出版，即新兴出版转型升级"的意义来理解融合发展，认为融合发展其实就是数字出版的另外一种说法；或者是从比较简单的"内容+形式"的意义来理解融合发展，即传统出版主要提供内容，新兴出版主要提供形式。

然而，传统媒体和新兴媒体的内涵在不断地发生变化，今日之新兴定会成为明日之传统。在传统与新兴的相对变化中，数字化并不是融合的唯一尺度。纵观媒介发展的历史，其实每一种媒体都曾经被称为"新媒体"，也都在一段时间之后被划归为"传统媒体"。就像电视之于广播、网站之于电视、移动互联网之于网站、纸书之于电子书……那么，新兴媒体与传统

＊本文发表于《出版广角》2021年第14期。

媒体的融合发展，两个主体究竟有什么本质上的不同？为什么需要融合？融合的路径有哪些？这些问题值得我们从融合发展的本质出发，进行理论上的梳理与思考。

二、重新认识融合主体

讨论融合发展，就必须从融合主体出发，换言之，就是要明确是谁与谁的融合。传统媒体与新兴媒体一直被认为是融合主体，但是，这两个主体在哪些方面存在差异？对比明显的差异之处，才会有融合的基础。这就好像只有测量了发动机齿轮的材质和规格，才能讨论咬合程度和转速。

1. 功能定位

在功能定位上，传统媒体扮演着"忠实的社会守望者"，比较强调统一与规范；新兴媒体在进行"有底线的个性表达"时，更加追求个性与创新。

中央电视台的大型公益寻人节目《等着我》是全国首档国家力量全媒体大型公益寻人节目，旨在发挥国家力量，打造全媒体平台，帮助更多人圆寻人团聚梦。其集结包括民政部、公安部等国家部委力量，以及公益明星、志愿者和广大热心公益的观众群等，依靠国家力量实现社会精神价值的回归。这种明显的守望者互助的社会角色始终是传统媒体发展的坚实底座，其长效的管理机制、规范化和常态化的传播伦理规范，以及多年来形成的社会监督、舆论监督身份与使命担当，都使其在媒介融合的转型过程中拥有了属于自己的不可替代的优势。

新兴媒体的功能更多体现在个性展示层面，美食、运动、育儿、艺术等个人生活领域方面的内容已经支撑了众多自媒体平台的运营。对于新媒体而言，其自身体现了更为先进的生产力，更有个性与活力，因此在当前的媒体融合过程中出现了一种新的趋势，即新媒体更为主动，更受资本青睐，这无疑是新媒体所乐见的喜人发展态势。但从另外的层面来看，今后新媒体所面临的挑战与困难也很严峻。在互联网快速发展的背景下，新媒体也在快速迭代，是否能够长期保有持续的创新能力，保持新媒体的发展速度，扩大新媒体对社会政治、经济、文化等的深刻影响，将面临极大的压力与挑战。

2. 资源禀赋

在资源禀赋上，传统媒体能够"两条腿走路"；新兴媒体更加依靠新内容生产。

所谓"两条腿走路"，即在盘活已有资源的同时，创作生产能适应互联网传播的新内容。对于传统媒体来说，内容始终是其立足和制胜的法宝，是推进媒体融合发展的根本所在，传统媒体一般都积累了非常丰富的内容资源。以广电媒体为例，从2003年起，无论是中央台还是地方卫视，都开始加强对媒体资源的管理，这项工作包括对历史节目资料的数字化、版权管理，数字媒体资产的存储管理、再利用，以及媒体资源管理系统开发、节目研发等。

新兴媒体中，新的富有创意和示范价值的新媒体产品被不断地推向市场，并且以最快的速度赢得受众的喜爱，甚至改写了由传统媒体订立的规则，开创了新的信息形态和信息法则。比较有代表性的有网络综艺、网络剧、知识付费、网络直播、短视频等形式。例如，《奇葩说》《吐槽大会》《火星情报局》等节目，这些创新的内容不仅为视频网站带来了数十亿的点击量和大量的用户，还改写了总是传统媒体向新媒体输出综艺节目的惯例，将新媒体塑造成内容提供者的角色，实现了新媒体内容价值的持续回归。

3. 表现形态

在表现形态上，传统媒体在继承中不断突破；新兴媒体不断创造新热点。

我国的报纸、广播、电视在内容形态上值得记入史册。以报纸为例，深度报道、调查性报道及非虚构写作都曾使报纸独领风骚，涌现了《南方周末》《北京青年报》《中国青年报》《南方都市报》等一批在市场和舆论场上都极有影响力与号召力的报纸品牌；以广播为例，随着城市化、汽车化等的推进，广播曾以热线连线、主持人夜话、交通直播、音乐点播等节目形态为依托，陪伴了听众大部分的闲暇时间和碎片时间；以电视为例，从中央电视台《东方时空》改变了中国人早间不看电视的习惯，到《焦点访谈》《新闻调查》等新闻评论性节目、舆论监督性节目的出现，再到《正大综艺》《综艺大观》和春节联欢晚会等综艺节目形态风靡一时……

新兴媒体更准确地说是站在了传统媒体这个巨人的肩膀上。尽管新兴媒体更善于捕捉年轻一代受众的心理，且在不断地创造需求、引领需求，但其内容形态中毋庸置疑地吸取了很多传统媒体的精华要素，特别是网络综艺节目、网络自制剧等，常常不自觉地会与传统媒体对标品质。这是讨论新兴媒体内容形式的基本前提，然后才能探讨其独有的内容形式。如付费内容的出现，就为新媒体建立起新的增长热点。再如短视频的产品形态，2013年问世以来引发了市场的热烈响应并逐渐风靡全国。作为新的"主流文化的消费形式"，抖音、快手、秒拍与微视等短视频App的日常活跃用户大约在3亿人。越来越多的互联网企业和新媒体公司通过开发短视频来吸引用户。用移动手机拍摄的15秒以内的集创意与趣味为一体的短视频，一经上传至社交平台，便会在全网获得观众的点赞、转发、评论、分享。

4. 生产模式

在生产模式上，传统媒体更近似工业化生产；新兴媒体更依赖数字化生产。

传统媒体产品的生产过程、媒体组织的机构性运作等，受众都是无缘了解的。无论是群体还是个体的媒体从业者，都隐藏于编辑部的"后台"，很少有机会直接为公众所见，更别提与公众互动。"三审三校"的生产流程显示了组织机构等的层级化。身处其中的传播者、传播媒介、受传者及媒介产品，都居于固定的信息流转位置上，类似于流水线一般的工业化设计。以电视新闻的采集和播出为例，大多数电视机构都采用了层层报送、层层审查的模式，"小组—部门—中心—频道—台"的新闻报送环节决定了某一条新闻问世的基本顺序。传统媒体的工业化生产模式以制度性传播的严谨性见长，具有更可靠的信息渠道、更严谨的采编发流程，因而能够更为完整地呈现新闻的全貌，并进行深刻解读和解疑释惑，也更有能力呈现更全面、更权威、更客观的传播内容。

与传统媒体形成鲜明对比的是，新媒体告别了扁平化的信息采集和信息编辑方式，采用了互联网的数字化生产模式，一切均以在场、速度见长。新闻产品好像总是呈现"半成品状态"，是随时可以修订、补充、未完结的暂时版本。新媒体对用户需求的测量和把握更多地依靠大数据，在用户数据的基础上完成用户画像。这一环节同时发生于媒介产品生产的最前端和最末端，将生产环节与用户的消费环节无限打通、实时勾连，完成隔空、隔网的对话与互动。对于新媒体从业者来说，组织的形象和作用渐次隐退，个体的复合式功能发挥到极致，过去一个团队要完成的生产任务今天可能只需要一个人便可完成。人力成本的降低和媒介生产效率的提升，都仰赖于互联网的数字化。特别是5G高速的网络时代，为新媒体的生产模式提供了更快速度、更低资费、更稳定的技术支持，数字化、实时性与深度交互性已经成为新媒体生产模式的鲜明特色和标签。

5. 盈利模式

在盈利模式上，传统媒体是"二次售卖"模式的践行者；新兴媒体是"共享经济"模式的先行者。

通常所说的"二次售卖"，就是第一次销售把内容通过发行销售给受众，第二次销售把传播价值销售给广告主。传统媒体通过第一次销售和第二次销售形成了商业闭环。

传统媒体盈利模式有两个特点。一是传统媒体大多具有"国有"的身份标签，很难真正进行完全的市场化运营，受众规模和广告规模的维系往往不是依赖市场，而是较多依赖体制内资源。从这个意义上说，今天传统媒体的业绩下滑、广告份额被互联网瓜分正是因为大量媒体不再获得体制内身份的加持和政策的保护，需要直面真刀真枪的市场竞争。今天传统媒体转型的最大困难就来自其传统经济的盈利模式。二是盈利支撑点比较单一，一般以报纸、广播节目或电视产品作为唯一的盈利来源，缺乏统一的系统性布局和运作，也缺乏资源的深度整合。在传统媒体的黄金时代，这种盈利模式保持了一种非常稳定和极度喜人的态势，从业者大多无须考虑跨界业务的多方位共享与配合。

与传统媒体形成鲜明对比的是，新媒体的盈利模式集中体现了"共享经济"的全部内涵。20世纪70年代末，美国社会学者提出了"共享经济"的概念。1980年，著名未来学家阿尔文·托夫勒在《第三次浪潮》中提出"产消者"（Prosumer）的概念，用以指代那些为了自我满足而不是为了销售或者交换而创造产品或服务的人。现在看来，这一概念已经阐明了今天在共享经济模式中产品生产者或曰提供者以共享为基本特征的行为动机。只是由于当时的社会条件尚不能有效解决共享所需的时空条件，也不能建构起足够的信任关系,因此,共享经济并没有大规模地成为现实。

对于媒体产业而言,共享什么和如何共享是理解共享经济的核心关键词。作为一个建立在人类和物资共享基础上的社会经济系统,新媒体所形成的社交网络及大数据推介系统,不仅突破了时空限制,还最大范围地在人与人之间建立起信任。简而言之,在一个泛互联网的世界里,现实中信息需求与媒介供给之间的匹配变得更加容易和日益低成本。他人"闲置""富裕"的信息资源完全可以拿来共享,从而使那些需要这些资源的人能够以较高的效率和较低的价格使用这些资源。这里需要强调的是,共享经济并不是免费经济的代名词,其运行的逻辑必然是某些资源的所有权者最大限度地利用自身的资源以供其他人共享的同时,势必要获得一定的经济回报,他们只是让渡资源的使用权而非占有权。一方面,用户个体的商业价值被充分激活,以"社交电商"为代表的社交化产品成为新势力;另一方面,由于工业4.0革命和"互联网+"浪潮的席卷,信息共享能够在无时空限制中得以实现,媒介产业在创意生产、内容服务和信息传播等各个环节也可以通过利用一切有价值的闲置资源、零散时间、特殊技能等方式创造新的价值。

三、融合发展的三个阶段

要谈论融合发展的本质,就必然要回顾融合发展的历程,从纵向上观察融合发展经历的历史阶段。当然,这种划分并不是以精准到某一个日期为节点,而是以比较显著的发展特征为标准,将融合视为一种社会生产力,在生产力与生产关系的相互作用中,以媒体所呈现的不同状态进行粗线条的描述。

1. 第一阶段:媒介内部融合——全媒体阶段

这一阶段,全媒体形态融合通常从公司架构、媒体运作方式及成员工作方式三个层次来理解,常被视为工作岗位融合、多媒体产业融合及多媒体采编技能融合,也就是"孤独的狼"变成"全媒体团队工作者"的过程。这个阶段也可看作媒体的内涵式发展阶段。例如,2000年3月美国佛罗里达州的《坦帕论坛报》开始尝试探索这种融合模式,其做法是将旗下的《坦帕论坛报》、电视台、TBO 网站一起搬入一座新的新闻中心。原本各为其主的采编人员被捆绑整合，互通互补，由此增加媒体平台的数量，通过这些平台，他们可以同步发布消息。这种尝试创新，在新闻报道方面，整合了报纸、电视、网站的内部资源，省力高效，引得全世界新闻机构纷纷效仿。

2. 第二阶段：不同媒体（媒介）间的融合——融媒体阶段

这个阶段包括传统媒体与新兴媒体不同法人间的融合（你我分明，产权清晰）、媒体机构与技术公司间的融合等，也可看作媒体的外延式融合。它经过了"溶"（物理变化）—"融"（化学变化）—"熔"（你我合一）的环节。在融媒体阶段，新老媒体在内容生产、技术形态上进行融合，全面走向跨所有制的较深层次融合。融合不仅表现在内容生产环节，还包括多种媒体平台的内容流动，以及多种媒体产业间的有序合作。例如，美国有线电视新闻网（CNN）的传统媒体联手互联网。2007 年开始，CNN 与 YouTube 联手对美国总统大选候选人辩论实况进行全球直播。2009 年，CNN 与脸书（Facebook）联合推出时任美国总统奥巴马就职典礼网络报道，并于 2010 年起双方实现全面合作。2016 年，CNN 收购了面向年轻人的视频分享工具 Beme，推出"及时、有话题性的视频"。在跨平台融合模式下，CNN 组织上推行扁平化管理，建立了跨平台多媒体新闻中心，促进了新闻资源的共享和利用，也形成了双向互动的循环系统。这让传统媒介单向传播转变成双向传播，不仅能提高新闻生产的效率，也能及时跟进受众需求，调整新闻内容。

3. 第三阶段：媒体行业与其他行业的融合——跨界融合

这一阶段为媒介融合的进一步拓展。媒体融合不仅发生在媒体机构、媒介终端层面，还发生在用户与消费层面。媒介融合终于从媒介自身的融合、媒介间的融合走向媒介与其他行业的跨界融合。它把媒介机构的内部生产链条向外拉，延伸到社会接受与消费这一环节，放大到整个产业的文化形态当中（其实也不局限于文化形态），是媒体与社会的融合，是生产与消费的融合。其也可以看作内涵式与外延式辩证运行、不断扩张的全融合、长融合、立体融合。例如，人民交通出版社的"内容+服务"。人民交通出版社与上海齐家赛弗船舶技术有限公司联合研发"全球航海信息智能服务系统之海图资料和航警更新/改正系统",并对其拥有完全的自主知识产权,保障全球可航行海(水)域的水文数据统计及时和全面更新,解决了世界各国航运面临的技术性难题。世界上超过95%的船舶近岸搁浅甚至由此导致的大面积污染,都是船舶未能及时收集更新信息所致,"全球航海信息智能服务系统"的设计研发正是对症下药,提供针对性的服务。事实证明,这样一款数字化智能产品能够最大限度地避免此类遗憾发生。

  历史阶段的划分是划分历史时期研究事物的一种重要科学方法,旨在揭示事物不同历史时期或阶段之间质的差别,从中发现其历史发展的特点及规律。我们深刻地意识到,这种融合发展不是所谓的抛弃落后传统媒体,向先进新兴媒体融合升级的过程,也不是所谓的新兴媒体对传统媒体补充和完善的过程,它只能是优势互补、劣势相克的融合发展。此乃融合发展的真谛。而这种分析,绝不是一种文字上、概念上的游戏,而是立足于对实践考察基础上,基于唯物主义辩证方法论的分析。尽管传统媒体与新兴媒体有着上述的种种不同,但从客观角度来看,媒体融合,你中有我,我中有你,你就是我,我就是你,必然是新媒体发展的正确方向,这是我们探讨融合发展真谛的归宿。

  目前,融合发展已经建立了多样化、多层次、全方位、多功能的传播体系,构建了集新技术、新兴媒体于一身的现代传播网络,实现了新老媒体的有序竞争、协调发展,促进了传媒业的改革、发展和整体实力的增强。同时,我们也能看到过度消费、激励不足等问题,所以融合发展不应局限于采编融合、空间融合、平台融合、业务融合、队伍融合、经营融合等,也不应回避所有制问题,或者在这一问题上语焉不详。这其实是涉及融合发展的一个深层次课题、一个基础性课题、一个恒久性课题。改革开放以来,特别是提出融合发展战略以来,我国在转企改制方面有了相当大的进展,但是这个进程实际上没有走完,还有较长的路要走。因为从本质上讲,融合发展其实包含着生产力与生产关系的矛盾运动,是数字化与网络化这种新兴媒体作为一种先进生产力的代表,推动了媒体的内涵式融合、外延式融合、内外兼修的跨界融合的生产关系新要求。这种生产关系的新要求又反过来保证和推动新生产力对已有生产力的继承和发展。就这种意义而言,所有制关系的相应变革、改革对融合发展具有牵一发而动全身的功能和作用。

四、跨界融合的新路径

媒体伴随着互联网革命进入了下半场，由"互联网+"转向"媒体+"时代。当前，媒体已经成为一种基础设施、一种基础工具，会依托一个具体行业，成为成就这个行业价值增值的重要辅助力量，并通过这种价值创造来实现新的价值。

1. "媒体+电商"模式

"媒体+电商"模式的探索早已有之，潮流媒体 YOHO！2008 年曾推出了电商平台 YOHO！有货；老牌汽车类垂直媒体《汽车之家》在 2013 年就开始试水内容电商，投入 5000 万元与汽车厂商合作开展线上购车活动——"11·11"疯狂购车节。

电商媒体的跨界融合不仅体现在纸质媒体与电商的融合上，还体现在电台、电视台与电子商务的加速融合上。在传统电视台转型升级、融合发展的过程中，除嫁接互联网基因、推出新媒体平台等举措外，电商是电视台跨界的另一种尝试。此前湖南卫视曾联手阿里巴巴推出电商嗨淘网，湖南卫视《越淘越开心》栏目成为嗨淘网面向电视的推广渠道之一。除了湖南卫视，江苏卫视在和 PPTV 达成两年独家合作协议后，也和苏宁、PPTV 一起探讨电商视频化和视频电商化的模式。当用户在观看视频时，或当用户对视频中某个主人公的衣物感兴趣时，他们发现视频旁边会有淘宝等网购平台的链接，点击一下，就能获得购买收货一站式服务。近年来，跨界成为热门话题，也将成为未来电商行业发展的趋势。

而在新媒体端，"内容+电商"也成为一种新趋势。2013 年 4 月，阿里巴巴入股新浪微博一事终于尘埃落定，阿里巴巴出资 5.86 亿美元购买新浪微博 18% 的股份。新浪微博是面向大众进行信息广播的社会营销平台，此举意味着阿里巴巴加强了社会化媒体布局、内容与电商融合模式的跨越性布局。此外，豆瓣、QQ 空间、微信等也开始在营销上大步迈进，腾讯入股拼多多、京东商城，微信电商模式已被用户接受。在移动端飞速发展的背景下，社会化媒体与电商两个行业的跨界发展、优势互补已成为产业发展的共识。

2. "媒体+人工智能"模式

随着大数据、深度学习、互联网等技术的发展，第三次人工智能的高潮来临，各行各业均受到了一定的冲击。就新闻资讯领域而言，机器写稿、推送新闻、校审已不是新鲜事物。2007年，美国美联社推出的首个机器写作应用，即新闻编写软件Word Smith，能够实现输入数据后自动生成报道。紧跟国际媒体与前沿技术融合的脚步，国内媒体也在近年拉开了机器写作的序幕。2015年，腾讯的写稿机器人Dreamwriter撰写出国内第一篇机器新闻，由Dreamwriter撰写的财经新闻《8月CPI同比上涨2.0%，创12个月新高》，其新闻内容有对国家统计局公布数据信息的抽取，有专家数据解读，有机构分析预测，也有相关信息补充。整篇报道逻辑结构层次分明，整体上已经能够满足一篇经济类新闻报道的基本要求。

自腾讯Dreamwriter之后，各大互联网企业的写稿机器人相继面世，封面新闻的人工智能产品"小封"尝试将人工把控环节从采编审发缩减至审核环节，解放生产力加强深度报道。今日头条的写稿机器人XiaomingBot通过语法合成排序和视觉图像处理技术，实现了在体育比赛结束两秒内完成赛事报道的创作审核和分发，几乎能够与电视直播保持同步。

3. MCN模式

MCN（Multi Content Network）是一种多频道网络的产品形态，也是帮助内容创作者提供商业化变现的专业组织。通常，MCN会将UGC联合起来，在资本的支持下，保障内容的持续输出，从而最终实现商业的稳定变现。MCN是一种将内容创作从个体户的生产模式到规模化、科学化、系列化的公司制生产模式，所有有能力和资源帮助内容生产者的公司都可以被称为MCN。

MCN是介于UGC（用户创造内容）与PGC（机构创造内容）的一种中间体，也被称为中介体。MCN是自媒体发展特定阶段的产物。自媒体源自个人IP，做大之后，渐成组织化，变成小型PGC，因不满足于与平台合作，纷纷开始自做平台，开发独立的App。

4. TMT 模式

TMT（Technology，Media，Telecom，科技、媒体和通信）是未来科技、媒体和通信的融合。第一个 T 指的是科技，这里的技术以信息技术（Information Technology，IT）为主。最后一个 T 表示通信，包括电话通信、移动通信、互联网通信。比如我们打电话，利用 QQ、微信等社交工具进行通信都属于通信业务。M 表示媒体。这里的媒体不仅是传统意义上的媒体，而更多的是以固定互联网、移动互联网等为代表的新媒体。随着互联网的进一步发展，科技和通信行业都在向着应用、信息、服务和娱乐等方面转型，传统的媒体行业也随之发生了新的变化。TMT 化是一种后媒介时代融合发展的典型模式，这种模式更是一种思维模式，以 TMT 的思维进行跨界融合，整合媒体与技术服务。

5."媒介+场景"融合

万物正在被订阅，"付费订阅+推送机制"正在构建一种全行业充满想象力的商业模式。知识新零售的概念被提出，知识服务进入下半场。在 Wi-Fi 日渐普及化的趋势下，在场景里，有随时随地调取、按需定制的知识流供给，这是未来融合发展的一个重要方向。未来，无论是机场、健身房还是地铁里，任何一个场景下的知识精准服务，都会准确追踪到个人，随时随地调取、按需定制的知识流将成为标配。

五、结语

观察未来的媒体价值，媒体已经不单单是曾经吸引注意力形成流量并最终靠流量换取广告收入的工具，而是成为进入其他行业甚至所有行业价值创造过程的不可或缺且至为重要的工具。媒体内部、媒体之间、媒体行业与非媒体行业之间由不怎么往来，甚至风马牛不相及，进入深度融合，风马牛可相及、必相及的场景，其发展虽然往往出乎人们的预料，却是历史发展的逻辑必然。

参考文献

[1]郝振省,汤雪梅,宋嘉庚.传统媒体与新兴媒体融合发展的实现路径研究:后媒介时代的融合发展路径[M].北京:中国书籍出版社,2021.

[2]陈昕.数字网络环境下传统出版社的转型发展[M].上海:上海人民出版社,2015.

[3]田红媛.出版融合发展实验室推进一年考[N].中国出版传媒商报,2017-12-01.

[4]彭芳,余方,金建华,等."互联网+"时代对期刊出版要素的再认识[J].出版发行研究,2016(7):58-60,101.

[5]托马斯·鲍德温,等.大汇流:整合媒介信息与传播[M].龙耘,译.北京:华夏出版社,2000.

[6]克劳斯·布鲁恩·延森.媒介融合:网络传播、大众传播和人际传播的三重维度[M].刘君,译.上海:复旦大学出版社,2012.

[7]蔡雯.从"超级记者"到"超级团队":西方媒体"融合新闻"的实践和理论[J].中国记者,2007(1):80-82.

数字时代法国出版的文化保护与传播*

唐姝菲　孙万军

摘　要：法国是欧洲乃至世界的文化大国，同时也是出版大国。面对数字化浪潮，法国出版充分认识到数字革命给本国文化带来的机遇与挑战。一方面，法国政府制定一系列政策、法律、法规，与出版协会和出版机构协同合作，协调传统出版和数字出版之间的利益平衡，最大限度地减少数字革命对传统文化的冲击。另一方面，法国出版坚持"文化是立国之本"的基本国策，立足文化保护原则，强调政府对文化产业的规划和调节，把数字化革命的冲击转变为文化发展和传播的助力，探索出了一条特色化发展路径。

关键词：数字时代；法国文化；文化保护；法国出版；数字化转型

法国是一个文化底蕴极其深厚的国家，中世纪以来，文学艺术取得了举世瞩目的成就，并且一直保持着灿烂持久的生命力。悠久璀璨的历史文化也为其现代文化产业的发展奠定了基础。上千年的文化积淀使得法国出版带上了一种与生俱来的文化气息，同时这种文化气息也通过各种出版物浸染着法国人的生活，为法国的生活披上了一层优雅与闲适。巴黎的地铁、公交、餐厅，甚至是街头，手捧图书、报纸、杂志的人随处可见。

不过法国这样文化气息浓重的出版大国同样也经受着数字革命的洗礼。随着数字技术的广泛应用和新型媒介的出现，传统出版业受到强烈的冲击，数字技术改变了出版物的载体形式，也改变了人们的阅读习惯，传统出版的数字化转型成了无法避免的趋势。法国认识到了数字革命会对全球文化

---

* 本文系北京印刷学院科研创新团队项目（编号：Ea201903）的阶段性研究成果。本文发表于《北京印刷学院学报》2021年第5期。

产业带来不可逆的变化，一方面充分利用数字技术的优势大力传播本国文化；另一方面不断探索出台适应数字革命潮流，同时又能切实保护和传播本国文化的政策措施，以期最大限度地利用数字化浪潮的正面效能，避免其负面影响。

一、法国出版市场现状

2018年法国图书市场销售额为26.7亿欧元，相较于2017年的27.9亿欧元下降了4.38%。2018年，法国图书市场有超过10.06万种图书，其中有4.5万种新书[1]。2019年，法国图书零售市场可监测到的新书与新版书为6.8025万种[2]。数字出版方面，2018年法国数字出版市场总收入为2.126亿元，较2017年增长5.1%，占图书总销售额的8%略多。2016—2018年，法国电子书市场的销售额持续上涨（图1），占图书市场总销售额的比重也在逐年增加（图2）。可见法国数字出版市场虽然所占份额并不大，但正在平稳增长，呈现良好态势[3]。

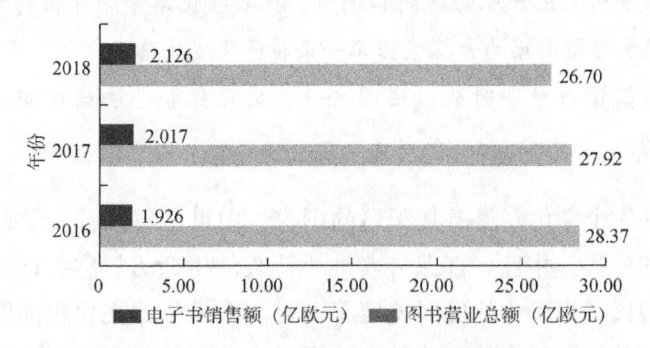

图1 2016—2018年法国电子书销售与整体图书销售比较

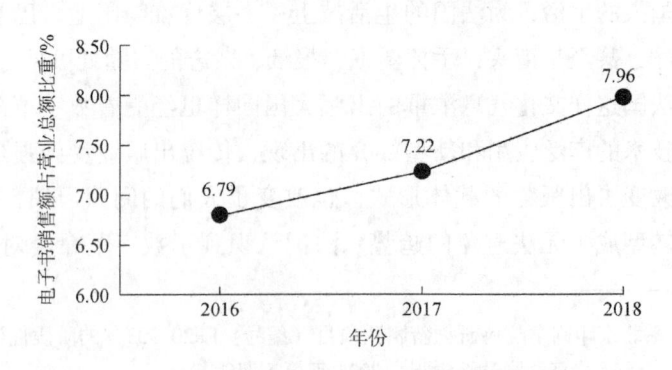

图2 2016—2018年法国电子书销售额占比变化

2020年，由于全球疫情蔓延，法国出版业受到严重影响，许多实体书店生存艰难。为了应对和改善疫情对图书业的冲击，法国出版商们开始向数字阅读业务领域转型，采取了降价策略、免费开放电子书和教材、免费发布有声读物、在线教育等措施。让人略感欣慰的一点是疫情带来的威胁或将促使法国有声读物进一步发展[4]。

纵观出版市场，可以看出，数字化浪潮不但没有冲垮法国的传统文化，而且显现出其正面的效应，成了法国文化保护的助力。这一切主要应归功于"文化数字化"策略。

二、"文化数字化"策略

法国一直遵循着"文化是立国之本"的基本国策，认为文化繁荣与民族精神凝聚力和国家文化软实力息息相关。同时，法国实行独特的"文化例外"原则，认为文化产品非一般商品，其特殊价值使其不能屈从于市场[5]。因此，法国政府出台了系统的文化政策和规划，每年还有庞大的政府支出用于保护、扶持文化发展。法国政府还提出了"文化民主"的概念，将文化纳入公民权利，法国民众对本国文化有着强烈的文化认同感和自豪感[6]。

为了应对文化全球化和数字技术带来的挑战，法国提出了"文化数字化"策略，把文化保护和数字出版结合起来，把数字革命对传统文化的冲击变为文化保护的助力。2010年9月，"数字化法国"这一国家战略横空出世，法国正式启动"文化数字化"工程。此战略是基于欧盟出台的《欧洲2020战略》而制定的，这是法国大力发展数字化文化产业的重要举措。"文化数字化"策略并没有弱化法国传统文化的优势，而是固守文化之根，利用新兴数字技术创新发展传统文化表现形式，促进文化发展。图书、影视、视频和数字报刊是最开始实施数字化的四个领域。2014年，法国文化部设立文化数字化工作室——"瓦鲁尔硅谷"（Silicon Valois），旨在促进数字科技给文化产业发展带来更多的机会[7]。2018年，在加强文化民主化和艺术及文化教育能力的政策框架内，法国文化部希望通过一项名为"国家文化内容数字化和发展方案"的新计划，重申其对数字化的支持[8]。

"文化数字化"策略把政府扶持与行业创新相结合，探索出了一条把发展数字技术与传统文化保护相结合的特色化发展路径。

三、政府扶持与行业创新

面对数字化浪潮冲击,法国出版业做了充分的准备,制定了数字出版行业规范,出台财税政策加大资金扶持,积极立法规范数字出版环境,打击非法行为,完善处罚机制,平衡数字出版市场环境中传统出版商、数字出版商和作者多方权益。这些措施既体现了法国的文化创新精神,同时也保护了法国出版业赖以生存的文化土壤。

1. 加大资金扶持,激活发展动力

法国一直以来都将大力发展文化产业作为重中之重,为了迎接数字化浪潮的冲击,扶持资助本国文化产业,法国政府通过财政拨款、减免税收等方式来促进文化产业发展和繁荣。

2008年,法国在整个国家范围内实施数字图书推广计划,政府每年通过图书中心拨款上千万欧元用以扶持传统出版企业数字化转型,此举吸引各大型出版企业纷纷加入。2010年3月,法国文化部提出14项发展阅读提案,启动了"数字参考图书馆"计划,用于开发一系列数字馆藏和服务,为用户提供领先的数字资源,为图书馆现代化和数字化作出贡献。资金来源于一般分权拨款(DGD)的范围内,通过图书馆的特别援助提供常年财政支援。为了支持传统图书馆的数字转型,在一般分权拨款下,每年至少有10%~11%的图书馆特别拨款用于数字化发展[9]。2012年1月,法国对电子书的增值税率进行调整,下降到同纸质书税率相等的5.5%。法国对电子书发展的支持态度[10],让一直处于劣势的数字图书开始恢复生机,大众读者对数字图书的偏好也开始显现。2013年3月,国家出版工会与作家常任理事会签署了一项新的协定,内容是要求所有出版合同都必须考虑到数字出版。2013年8月,法国文化部开始实行"电子书借阅服务",试行阶段面向部分向公众开放的图书馆,为读者提供数字图书和纸质书两种借阅方式。2014年,法国文化部又出台了一项关于资助独立书店的计划,主要是帮助独立书店解决在数字化转型中遇到的困难和危机,国家图书中心和出版界共同承担这笔高达1800万欧元的庞大支出[11]。

2020年3月,受全球疫情影响,法国文化部长弗兰克·里斯特宣布向文

化领域企业提供2200万欧元的紧急援助"一揽子"计划,其中500万欧元被指定用于图书行业[12]。6月,法国为了应对健康危机制订实施了2020年书店支持计划,经济、财政和文化部长提出了针对法国图书业的新支持措施。这项针对图书业的计划有两个主要目标:为法国独立书店提供支持,这是法国图书链的经济命脉;为各个出版社提供支持,以确保其活力和法国出版的多样性。采取的主要措施有:向独立书店提供2500万欧元的资金资助,帮助其应对财务困难;在2020年和2021年,计划提供预算为1200万欧元的财政资金用于帮助书店实现设备现代化,提高生产力,还可以使独立书店能够更好地开拓远程销售平台;向出版社提供500万欧元的特殊援助,旨在部分补偿由于医疗卫生事件而造成出版社遭受损失导致出版发行活动受到减缓或停滞,帮助出版社克服经济困难[13]。

2. 通过立法平衡各方权益

法国政府与法国出版行业通过立法和制定行业规范来保护数字时代法国出版新旧业务的和谐发展。这些法律涉及数字出版、传统出版和知识产权等方面的问题。20世纪末,法国就制定了一些专门法律用来规范新闻出版行业。进入21世纪后,随着信息技术和新闻出版行业的发展,法国又相继出台了多部适应时代要求的法律和一些条例[14]。

(1)《知识产权法典》

法国是世界上最早制定知识产权法的国家之一,1992年7月1日,法国将当时分散的23个与知识产权有关的立法经汇编制定了《知识产权法典》予以颁布,开创了世界知识产权法典化的先河,为其他一些国家的知识产权立法提供了一种新的立法模式。

(2)《电子书定价法》

2011年5月26日,法国出版业行业协会及各大出版企业经过协商讨论后,颁布实行了《电子书定价法》。该法实质上是1981年"朗格法案"(对图书的售价进行统一制定,降低零售书店的生存危机)的延伸和拓展。该法规定凡是在法国市场上出现的出版商的同一内容,无论是通过哪一种渠道进行销售,都要按出版社制定的零售价统一销售,不能随意进行价格的变动。而且,促销的新书折扣力度不能高于图书原来价格的5%[15]。

法国是一个对纸质书有独特情结的国家，对于法国人来说，阅读是一种生活方式，国民保持着长期的阅读习惯。当时法国对于数字时代的阅读方式还未完全适应，出台这一法案的主要目的在于支持电子书的发展，减少图书市场恶性竞争现象，却导致电子书的价格居高不下，纸质书的零售价为4~5欧元，电子书的零售价却是纸质书的2~3倍[16]。

(3)《信息社会版权和邻接权法》

随着科学技术的发展，借助网络技术侵权的行为愈发频繁。除了通过法律途径进行维权，采取技术保护措施也是版权人保护自身作品的重要方式，但使用不当会危及公众、社会甚至国家的安全。2006年，法国议会通过了《信息社会版权和邻接权法》，该法案明确了版权技术保护措施的合法性，旨在保护数字时代文化产业版权及相关权利，同时尽量规避技术保护措施使用不当对相关利益主体带来的安全隐患[17]。

(4)《促进互联网创造保护及传播法》

对于全球的数字出版业来说，盗版现象都是一个严峻和不可忽视的问题，加强版权保护至关重要。法国数字出版的发展一直遭受着盗版及非法下载的威胁，2009年6月，法国通过了《促进互联网创造保护及传播法》，即"三振出局"法案。法案规定，当用户产生非法下载行为时予以警告停止侵权，两次警告后仍然进行非法下载行为的用户进行断网并处罚。这份法案开启了从终端阻止用户进行非法下载的先例，对于打击盗版、非法下载等行为具有威慑作用。根据该法案，法国还成立了传播及权利保护高级公署，其职责在于鼓励并促进受版权保护的作品在互联网上的合法提供，监督作品使用[18]。

四、国内国际两个市场齐头并进

数字化技术把世界连接成了一个整体，文化的保护和发展不仅需要对国内出版市场进行管理，更需要开拓海外市场。

为了管理国内市场，法国设立了专门的出版业管理机构。从全球范围看，拥有专业出版行业管理机构的国家并不多，法国便是其中一个。法国政府文化和交流部对法国的所有文化产业进行管理，充当资源分配和协调的角色。其下设的图书与阅读司具体负责对图书出版行业的管理，包括制定图书行业政策、协调出版产业链上的各个环节、维护出版业市场环境等。法国文化部通过下属的公共机构国家图书中心划拨财政资金,用来扶助法国出版的各项事业,帮助出版商应对经济和财务困难。能够享受资助的不仅仅是作者、出版商、图书馆,还包括各个独立的小书店和各种文化类活动[19]。

除了对国内出版市场加强管理之外,法国也在积极拓展海外出版物市场。负责法国图书国际推广的官方机构是隶属于法国外交部的图书与多媒体处,而负责法国图书在海外推广业务的主要机构是法国国际出版局,其职能是扩大法国图书的出口、服务国际图书贸易、寻求国际合作伙伴。法国国际出版局还担当着出版协会性质的责任,设立海外办事处,积极进行海外拓展,为法国出版物国际贸易提供方便。

法国图书出口的主要对象是法语地区,主要市场是欧洲和北美,版权贸易最大的市场在亚洲。还有一些发展中国家也是法国认为值得开拓的潜在市场。针对法语区和非法语区,法国出版制定了不同的策略——出版扶持计划(PAP),以开拓国外市场,促进法国文化的全球传播。

值得一提的是,由于各种原因,纸质书在非洲地区的流通价格一直相对昂贵,而数字化技术为法国出版物在非洲的传播开辟了新的路径。法国出版抓住了机遇,不失时机地加强了法国在非洲地区的图书销售。此外,法国文化中心设立了"线上数字图书馆",建立了"对外图书推广网"网站,利用数字技术让世界各地的人们跨越时空感受异域文化,促进了法国文化的传播和发展[20]。

五、结语

数字化浪潮一方面对传统出版业务造成了冲击,另一方面也为各个国家的出版业带来了新的发展机遇。各国出版业必须借力数字化革命浪潮,顺势而为,方能在动荡的市场中破浪前行。

法国出版业在数字化转型的道路上始终将"文化是立国之本"的原则放在首位,因地制宜,利用本国丰富的文化资源和浓厚的社会文化氛围,牢牢抓住自身优势,努力促进传统出版和数字出版协同发展。他们对本国文化采取保护与发展并驾齐驱的方式,管理部门进行系统性把控和推动,行业内部稳步创新、积极发展,自上而下形成了一张紧密相连、规范有序的网。面对数字革命汹涌的波涛,法国出版业顺势而为,与时俱进,推陈出新,以文化传统为帆,以数字技术为桨,推动璀璨瑰丽的法国文化之舟驶向世界各地。

参考文献

[1]樊文.全球出版业报告丨欧洲出版市场:喜忧参半 版权输出可圈可点[N].国际出版周报,2019-09-05.

[2]王珺.法国平稳发展与调整变动并存[N].中国出版传媒商报,2020-09-25(38).

[3]贾子凡.法国出版业:电子书重塑出版[N].国际出版周报,2019-03-25.

[4][12]许惟一,樊文.疫情下的全球阅读市场丨世界读书日特别报道[N].国际出版周报,2020-04-23.

[5][19]张书卿.法国政府对出版产业及文化产业发展的作用与作为[J].出版发行研究,2006(1):71-74.

[6]杨柳.国家文化安全视阈下法国"文化例外"政策嬗变机制研究[J].法国研究,2019(3):37-45.

[7]版话儿.观察丨全方位透视法国出版业(三)[EB/OL].(2018-02-08)[2020-11-16].https://www.sohu.com/a/221712101_740204.

[8]Ministère de la culture. Programme national de Numérisation et de Valorisation des contenus culturels(PNV)[EB/OL].(2016-09-30)[2020-11-16]. https://www.culture.gouv.fr/Thematiques/Innovation-numerique/Programme-national-de-Numerisation-et-de-Valorisation-des-contenus-culturels-PNV2.

[9]Ministère de la culture. Les Bibliothèques numériques de référence[EB/OL].(2015-12-22)[2020-11-16]. https://www.culture.gouv.fr/Sites-thematiques/Livre-et-lecture/Bibliotheques/Numerique-et-bibliotheques/Les-Bibliothequesnumeriques-de-reference.

[10][15]胡新宇.法国数字出版业的现状、发展策略及其启示[J].科技与出版,2016(2):83-86.

[11]王眉.法国图书出版业稳中有进[N].中国文化报,2014-05-29.

[13]Modalités du plan de soutien à la librairie en 2020, mise en œuvre en Nouvelle-Aquitaine[EB/OL].(2020-07-24)[2020-11-16]. https://www.culture.gouv.fr/Regions/DRAC-Nouvelle-Aquitaine/Actualites/Modalites-du-plan-de-soutien-a-la-librairie-en-2020-mise-en-aeuvre-en-Nouvelle-Aquitaine.

[14]王珺.法国图书业现状及行业政策研究[J].出版发行研究,2020(9):80-89.

[16]王周海.法国数字出版产业可持续发展的国际战略分析[J].出版科学,2017,25(5):105-108.

[17]赵丽莉.论版权技术保护措施信息安全遵从义务——以法国《信息社会版权与邻接权法》第15条为视角[J].情报理论与实践,2012,35(12):32-36.

[18]田扩.法国"三振出局"法案及其对我国网络版权保护的启示[J].出版发行研究,2012(6):5-9.

[20]雷霏.法国图书出版业国际推广策略分析[J].编辑之友,2014(1):101-107.

融媒体视域下视频书的出版创新研究[*]

崔恒勇

摘　要：随着互联网技术的应用与普及，新兴媒体与传统媒体在相互冲突和自我颠覆中迎来了重构及融合。媒体融合为出版业的转型与突破带来了创新性的思路，视频书出版正是在媒体融合浪潮下所衍生出的视频媒体与传统纸媒融合的新型出版业态。虽然新兴事物的发展必然带有传统思维模式的局限性，但随着出版业对融媒体的深入理解与运用，以视频书为代表的融媒体出版必然成为出版业新的增长点。

关键词：融媒体；视频书；出版创新

一、视频书的出版现状

"视频书"一词最早是由人民出版社总编辑辛广伟先生提出的。它是在传统纸质媒介内设置二维码链接入口，读者通过扫描二维码在手机终端观看关联配套的视频内容的书籍。视频书创作主体依据图书内容的特点，利用已普及的入口技术，通过视频媒体的多维度情境展示相关内容。视频书是互联网时代下出版领域媒体融合应用的标志性业态，它不仅是对传统图书出版的媒介拓展和延伸，同时也是一种创新的融媒体产品，打开了图书出版的创新之门。

自 2005 年我国第一家视频网站"土豆网"上线以来，视频媒体经历了以下主要发展阶段：以优酷土豆、爱奇艺等为代表的视频网站，以虎牙、斗鱼和 YY 为代表的视频直播平台，以及以快手、火山和西瓜为代表的短视

---

[*] 本文发表于《科技与出版》2018 年第 10 期。

频平台等。近年来，视频媒体业务的发展已成为各大传媒巨头的核心战略之一，腾讯、阿里巴巴、今日头条等互联网公司纷纷开展视频媒体业务。视频媒体凭借其突出的内容和流量优势，正成为网络传媒业的最热风口。海量低成本的 PGC 视频与 UGC 视频不仅使平台保持较高的浏览量和活跃度，同时也拓展了视频内容和视频媒体平台的变现渠道。视频媒体在受到资本市场热捧的同时，也在不断尝试拓展与传统媒体的业务融合。视频书出版正是在传统出版业的突破转型与视频媒体平台业务延伸的双向需求背景下形成的融媒体出版形式。

2015 年年初，在中央电视台和新华网等主流媒体的支持下，人民出版社制作并出版了中国第一部视频书《图解政府工作报告（2015）》。次年，人民出版社再次推出《图解政府工作报告（2016）》视频书，同时正式使用"视频书"这一名称。这也是政府媒体和出版界第一次确立和认可这一新兴的融媒体出版形态。

《图解政府工作报告》视频书基于纸质版报告文本的内容特点，结合视频媒体情景展示的优势，融合传统媒介与新兴媒介的出版形式，不仅为读者展现了丰富的纸质图文内容，同时也以二维码为媒介入口开辟了相关视频阅读形式，多媒体全方位展现作品内容，极大地提高了阅读政府报告的趣味性和有效性。继《图解政府工作报告》系列视频书受到业界一致好评之后，人民出版社又先后推出了《马克思画传》《习仲勋画传》《耿飚回忆录》《中华经典诗文诵读》等多部视频书。视频书引领了出版业媒体融合的创新模式，开启了传统出版思维的自我变革之路，成为融媒体时代背景下出版传播价值优化的实践路径。

二、融媒体视域下视频书的局限性

1. 视频书的出版思维局限

视频书的成功是出版业在融媒体出版方向上的大胆创新，但也反映了其出版思维的局限性，具有较深的传统出版思维烙印。首先表现为出版角色的思维局限。在已有的出版案例中，视频书严守"把关人"角色的中心地位，坚持以权威性的视角自上而下单向传播，沿袭了传统出版"内容为王"的思维理念，将出版内容作为其追求的核心价值，服务于内容的意识强于服务于用户的意识。在编印发的流程范式中，尚未完成由"出版人"的角色定位向融媒体背景下的"传媒人"的角色定位的转变。其次表现为出版模式的思维局限。视频书的出版模式是在传统出版流程的基础上链接视频阅读入口的延伸出版模式。在生产方面，视频书坚持"版"的制式，其独立的"审编校"流程难以在较长的生产周期内与受众形成黏性互动，内容生产方式较为被动滞后；在发行方面，视频书出版还是以"图书—产品"的模式，通过规模化生产、复制和销售有形的物质产品实现盈利目标。最后表现为出版消费的思维局限。不论是《中华经典诗文诵读》，还是《李雷说英语》，都是围绕着图书阅读的单一出版消费形式，消费活动的持续互动性较差，用户价值挖掘意识不强，媒介价值消费尚未体现，难以满足融媒体背景下共创共享的社群经济需求。

2. 视频书的媒体融合局限

融媒体时代下的视频书出版，虽然已经实现了从纸质到视频的跨媒介延伸出版，但依然是在传统出版的格局内来看媒体融合，而不是以融媒体的视角来审视出版价值。在内容生产方面，视频书受制于"版"的制式，定位于"一次性出版"，而没有发挥出视频媒介的流媒体传播特性和端口平台价值，未完全站在媒介生态的角度统筹内容生产的维度和目标，未实现伴生型融媒体常态出版模式。视频书出版尚未有效结合出版的权威性与视频的社交性等特点，没有形成伴生型多形式的出版内容策略。在内容呈现方面，视频书尚未形成以垂直目标群体为中心的多维内容黏性策略，未能实现 VR/AR 等媒介技术的有效融合，无法发挥融媒体交互功能优势，不能实现多形态内容共通共享。在出版效果方面，视频书还是以纸质书加二维码入口的形式单向营销，尚未充分运用融媒体的裂变式扩散特性和聚合式渠道价值，没有发挥融媒体对目标受众的多维黏性路径优势，缺乏有效的媒介互动策略，难以控制出版效果。

3. 视频书的传播模式局限

视频书的传播模式是以传者为中心的自上而下的单向传播模式。它主要通过纸质图书中的二维码入口实现视频内容的延伸阅读。这种缺乏"温度"的链式入口限制了视频内容的传播频次，使得视频书的用户活跃度难以有效提升。视频书的视频内容多是对纸质内容的多媒体解读,展示内容多以图表解读与机械性操作为主,视频内容对纸质文本的依附性较强,限制了视频流媒体在网络媒介生态下的裂变式扩散传播效果。视频内容的链入与传播,其功能主要是丰富传统纸质出版内容的展示形式,在视频媒体的传播渠道价值与受众群体互动价值方面尚未形成有效的价值传播实现体系。基于传统纸质出版路径的传播,视频书难以有效聚集规模化的垂直受众群体,其受众的活跃度较低,互动方式难以开展,与用户的互动黏性较弱,缺乏持续有效的互动传播策略,因而难以形成可持续多维度的用户价值挖掘与变现。视频书当前的传播模式仍属于传统的被动式传播。

三、视频书的出版创新对策

1. 以用户为中心的视频书出版理念

新媒体的快速崛起逐步弱化了传统媒体的强势地位,去中心化的全民媒体狂欢使得以用户为中心的互联网思维模式成为传媒业的主导经营理念。作为融媒体时代下的出版传媒业新业态,视频书出版应全面审视当下的媒介生态,建构与之相适应的生产运营体系。

在生产方式上,围绕用户群体重构视频书价值挖掘体系,多维路径建构用户需求大数据分析模型,实现全产业链要素的 IP 开发体系,拓展融媒体交互的内容价值与社交价值,强化视频书的流媒体与聚合平台的媒体价值。

在业务形式上,由现有的出版产品销售模式转向可持续的知识信息服务模式。辩证地看待出版与传播、营销与推广、用户黏性与价值实现的关系,实现内容、社交与媒体的多维伴生型的知识信息服务体系。

在应用范围上,充分发挥视频书出版的权威性优势,拓展其在健康、教育等领域的应用;发挥视频书出版的示范性优势,拓展其在技能实践领域的应用;发挥视频书出版的时空展示优势,拓展其在地理、旅游等领域的应用;发挥视频书出版的交互性优势,拓展其在娱乐、游戏等领域的应用。

2. 从相加到相融的视频书媒介标准

机械性的媒介叠加难以发挥视频书在融媒体领域的价值实现。客观审视新型媒介生态下的融媒体整合标准,转换视频书出版的主体视角,实现真正优化的媒体融合，才是出版业媒介创新升级的核心驱动力。

融媒体视域下的视频书出版应增强出版价值与媒体价值的有效融合。以用户群体的价值挖掘为核心任务，以实现视频书出版的数据价值、信息价值、体验价值、社交价值、渠道价值及IP价值为媒体融合标准，建构视频书出版的媒介选择策略。

形式标准是视频书媒体融合的执行路径。新媒体的不断涌现与应用，在丰富了媒介功能的同时，也为视频书的媒介形式带来了多样化的组合选项。多种媒介取长补短，为视频书出版在用户群体数据获取与分析、多维度内容呈现与传播、社交互动与IP开发等功能上的集合和优化方面提供了媒介组合基础，实现了视频书出版由传统的"一次性出版"向伴生型融媒体常态出版模式的转型升级。

效果标准是视频书媒体融合的执行目标。视频书出版以增强用户黏性效果、提高阅读体验效果、优化渠道传播效果为其媒体融合的核心目标。

3. 内容共创共享的视频书传播价值

视频书出版的核心任务是实现内容共创共享的价值传播。

从传播者价值实现的视角来看，突出内容的专业性与权威性，在融媒体视域下强化视频书出版的传播属性，积极拓展视频书的内容价值、品牌价值、渠道价值等的实现路径，建构友好互联的传播环境，实现多维互动的传播模式。

从接受者价值消费的视角来看，突出受众群体的主体地位，激发受众在视频书内容共创共享中的积极性与参与感，满足其在群体认同、社交互动、自我实现等方面的内在需求，拓展视频书UGC的传播方式与价值实现路径，让受众获得存在感与满足感。

从视频书传播活动的视角来看，积极优化视频书的双向互动传播方式，提高用户互动频次与活跃度，提升媒介传播价值，构建共创共享的伴生型内容生产与互动方式，完善互通互融的伴生型价值传播与变现体系，实现视频书经济效益与社会效益的有效结合。

出版业应全面客观地认识融媒体时代下视频书的突围方向，建构适应新的媒介生态环境的视频书出版与传播体系，为融媒体出版的升级发展开辟一条创新之路。

参考文献

[1] 宰艳红.视频书的出版及其意义探究[J].中国编辑,2018(97):69-87.

[2] 舒晋瑜.人民出版社推出首部老一辈革命家著作视频书[N].中华读书报,2017-08-02(2).

[3] 姚君喜,刘春娟."全媒体"概念辨析[J].当代传播,2010(6):13-16.

[4] 仝冠军,乔先彪.新技术与出版业的未来[J].出版广角,2007(12):30-32.

[5] 杨中举.全媒体传播形态下编辑的跨界意识[J].编辑之友,2013(12):47-49.

[6] 腾讯科技频道.跨界:开启互联网与传统行业融合新趋势[M].北京:机械工业出版社,2015:133.

[7] 胡正荣.传统媒体与新兴媒体融合的关键与路径[J].新闻与写作,2015(5):22-26.

数据出版的功能、应用、流程与未来*

衣彩天

摘　要：数据出版是数据技术在传统出版产业的应用而产生的一种增强数字出版产业发展的新动能，是新型知识基础设施。业界和学界对于数据出版的认识正处在实践与形成理论的过程。本文从四个维度对数据出版进行了详细论述。第一，社会功能，包括数据出版的内涵、与电子出版和网络出版的区别、位于数字出版中级阶段的划分依据；第二，应用模式，有数据库式、数据专刊、数据中心、数据阅读推荐、数据市场热点；第三，生产流程，有数据挖掘辅助选题、深度挖掘创作、数据清理、可视化呈现、短视频传播；第四，未来发展，包括面临大数据湖、小数据池的问题，以及人才新增复合技能、传播途径、开放共享的前景。

关键词：数据出版；智慧出版；知识基础设施；盈利模式

2020年的《政府工作报告》提出"加强新型基础设施建设""全面推进'互联网+'""培育技术和数据市场"作为"增强发展新动能"的重要工作内容。数据技术已经应用于社会经济生活的诸多领域，数据技术推动数字经济产业的新动能发展是当下国家重要的工作之一。如何利用数据技术推动传统出版业转型新发展是科学研究面临的难题。当代出版业正从传统纸质出版转向纸质出版与数字出版融合发展，出版产业从出版物的形态到出版产业链正在发生巨大变化。笔者根据近20年的追踪研究，发现如下

---

* 本文系"智慧出版发展状况研究"（项目编号：19XRS0092）的部分研究成果；"电子信息领域出版融合与知识服务平台"项目——基于大数据的出版经营决策模式创新研究（项目编号：2018SJ0498）的衍生成果；北京市高校"智慧出版时代教育模式发展状况研究"（项目编号：2019JY0906）的阶段性成果。

本文发表于《出版发行研究》2020年第9期。

成果：在科技的快速推动下，数字出版可以分为电子出版、网络出版、数据出版、智能出版和智慧出版五个阶段[1]。

一般而言，出版的业界和学界对于电子出版与网络出版基本已能够形成共识；而对于数据出版的认识正处在实践与形成理论的过程。传统的观念认为数据出版是数据库出版，新兴的观念则把数据出版划为IT网络发布。笔者之前的研究认为：数据出版是以数据挖掘技术为驱动，形成的数据共享、数据开放、数据知识重组等编辑加工方式，由数据工作者将调查、研究的数据成果以数据论文或数据的形式通过互联网公开发布信息。数据出版的最大特点是改变了出版创作的方式[2]。那么，数据出版的社会功能有哪些？数据技术在出版领域的应用模式有哪些？数据出版的生产流程，以及数据出版的未来又如何？本文将对此展开深入论述。

一、数据出版的社会功能

数据像资本一样具有经济价值。一方面，数据可以像资产一样被管控、积累、交易、组合投资、挖掘、发布，产生新的经济价值；另一方面，数据也可以像债务一样被管理、保护或者毁约。这反映出数据具有两大特性：强大性与脆弱性。由于数据具有强大的创造性经济价值，由此产生了比特的力量；又因数据容易被毁改的脆弱性，由此产生了区块链的发展。数据正以数字和物理形态快速增长，除了大数据的快速发展与应用，一些小数据也可能具有像大数据一样的价值，需要引起重视。

在理解当今数据科学的分化基础上，研究数据技术在出版的应用就可以发现，数据出版不仅仅为大数据出版，还要注意小数据出版这种更新的发展动能。大数据是指那些以前所未有的规模或范围使用数据进行的研究，大数据技术应用的前提需要一个大规模的数据湖。小数据是指在人联网的技术背景下，以用户数据战略为导向，限定一定规模范围的数据进行研究，小数据技术应用的前提是建立一个高度目标针对性的数据池。现实中，大数据出版、小数据出版都有着广泛的应用前景。

1. 数据出版的内涵

关于数据出版的内涵，笔者通过追踪研究依据传统出版的研究范式，提出：数据出版是由包含传统作者与编辑、新型数据工作者在内的内容创作者，利用数据挖掘技术，通过数据共享、数据开放、数据知识重组等编辑加工方式，将调查、研究的数据成果以数据论文或数据的形式通过互联网公开发布信息。数据出版的分类包括：数据库式数据出版、数据出版专刊、非传统传媒机构建立数据中心发布数据信息、数据推荐阅读排行榜、数据新闻应用孵化出版市场数据热点。

数据出版的最大特点是改变了出版创作的方式，颠覆了以往的传统出版生产流程。数据出版的生产流程如图 1 所示。

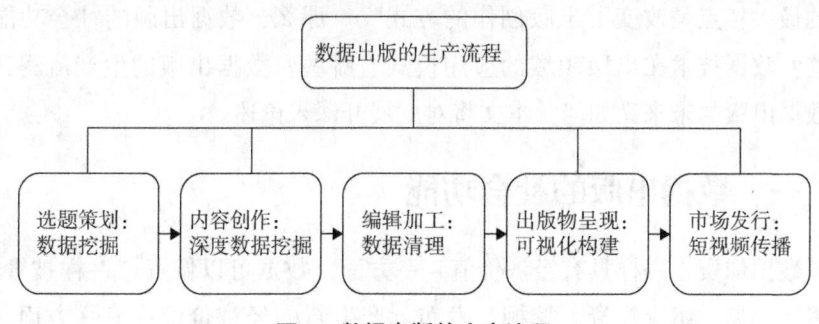

```
                    数据出版的生产流程
        ┌──────────┬──────────┬──────────┬──────────┐
   选题策划：   内容创作：   编辑加工：   出版物呈现：   市场发行：
   数据挖掘    深度数据挖掘   数据清理    可视化构建     短视频传播
```

图 1　数据出版的生产流程

数据出版的特征包括以下几点：一是以服务公共利益、服务社会为目的。这是数据出版的出发点。数据出版是为了公众更好地理解人们身处的大数据时代的变迁，了解数据背后隐藏的信息是如何影响每一个读者的。二是以开放数据为基础。这是数据出版的前提。如果政府不公开信息、出版社不授权信息、其他组织不共享信息，将很难形成有效的大数据湖。数据出版在缺少数据源的情况下，将很难发挥出惊人的数据驱动力。三是以可视化的人性服务为主要呈现方式。这是数据出版的表达形式。科学可视化技术的发展将复杂、抽象、晦涩的信息转换成形象、具体、生动的可视化数据表达。可视化表达方式将出版的读者群进一步细分，拓展出版的受众市场，开辟出版发行渠道，丰富市场宣传手段，增加出版的形态，缩小出版的周期。

2. 数据出版和电子出版、网络出版的区别

电子出版和网络出版是数字出版的初级阶段。电子出版是指传统纸质

出版从编辑加工、书报刊的纸质呈现转型为电子技术的介入，电子出版物的表现形式有光盘、电子阅读器、电子书、电子杂志、电子报纸。所谓网络出版，是指以纸质出版、电子出版技术为基础，通过数字网络技术，借助互联网进行编辑、复制、发行、信息传播，出版物的形态存在于互联网服务器的介质中，需要数字终端设备在线联网或下载后离线的一种出版形式。

电子出版、网络出版与传统出版最大的区别是电子化和网络化技术介入出版产业流程。电子出版的形态以电子书、电子报为主要呈现形态，而网络出版与电子出版的最大区别在于是否接入万维网，信息的传递和传播是否网络化[3]。这两个阶段对传统出版产业模式尚未造成颠覆性影响，是传统出版电子化和网络化的呈现，因此是数字出版的初级阶段。

3. 数据出版是数字出版中级阶段划分的依据

数据出版的核心是数据，是指能够被计算机程序识别、存取、处理的材料，包括文字、图片、声音、影像等资料。

数据出版的最大特点是改变了出版创作的方式。这也是数据出版之所以能进入数字出版中级阶段的划分依据。也就是说，在数字出版的初级阶段，主要体现在基于传统出版产业链模式的电子化和网络化的改变；而数据技术应用到出版，是对传统出版产业链模式的内容创作与编辑加工等方式的再造。简言之，数据出版改变了出版产业链源头与核心的内容创造方式，再造了传统出版的产业链模式。因此，数据出版为数字出版的中级阶段。

受惠于大数据、数据挖掘、存储降噪等技术，数字出版产业链发生了区别于传统出版线性传播的巨大变化。出版产业的销售、市场和宣传等相关工作都发生改变，可实现大数据实时分析、动态分析、数据推荐排行榜、大数据选题、数据编辑、可视化呈现出版物等新型数字化出版业态。数据出版之所以只能列为数字出版的中级阶段，最主要的原因是：数字出版的高级阶段应该是以回归出版本源的"支配技术"理论为范式；而数据出版阶段的出版业仍然属于"技术支配"理论范式，无法跳脱进入"支配技术"理论范式。简言之，数据出版阶段是以"技术+出版"为主，即大数据、可视化等技术在出版业的应用。

二、数据技术在出版领域的应用模式

数据存在于知识基础设施中,即人、生产实践、技术、组织机构、物质对象及其相互关系构成的数据基础生态圈。数据中心是一种新型知识基础设施建设。数据技术在出版的应用是数字出版这一基础战略发展的新动能。数据技术已在出版物的编辑、选题、市场宣传等出版工作领域有所应用。

1. 数据库式数据出版

数字出版产业链是数字技术融合电子技术、计算机技术、网络技术、通信技术等在出版中的应用,是在"大出版"时代的背景下,伴随着媒介融合、终端融合、网络融合、内容融合的发展而产生的,是传统出版产业链的整合与结构升级。数据出版模式已经在国内传统出版业界进展有近十年了。

对于数据库出版模式的尝试和摸索有高等教育出版社的教材教辅数据库、中国社会科学院的皮书数据库、商务印书馆的工具书数据库等。这是一种扁平型方式,它的主要特点是出版社可以通过网络建立数据库,将数据依据不同的终端载体,选取不同的章节数据,直接面对读者。这种模式完全打破了传统出版的编印发模式和线性传递过程,具有数字出版中级阶段的典型特点。

2. 数据出版专刊

在世界数据出版领域,处于前沿的是地球学、地质学。我国地质学紧跟世界的步伐,全国地质资料馆已建立地质领域的数据中心,并在2017年9月推出了我国首个地学领域数据出版专刊《全球地质数据》。该数据出版专刊的出版形式是由数据工作者按照一定的规范,将调查、研究的数据成果以数据论文或者直接以数据的方式,通过网络或其他渠道公开发布。

对于如何解决数据脆弱性问题,该数据出版专刊采用数据出版的核心解决办法,对开放获取的数据集采取赋予全球数字对象唯一标识符的形式。数字对象唯一标识符(Digital Object Unique Identifier,DOI)是一套识别数字资源的解析为具体地址的协议。DOI的体现形式主要包括二维码、条形码、字符码、网络域名等,其特点为数字对象唯一性。利用DOI技术的数据出版，可以增强数据知识流动中对知识产权、版权的保护。

数据出版专刊《全球地质数据》采用 DOI 技术的数据期刊发行，数据在被其他用户在各类工作报告、科研论文或科研项目中引用时，通过引用 DOI 的方式进行知识产权使用的声明，而用户从互联网上可以直接获取该数据的定位信息。数据出版通过保护数据作者的署名权的形式鼓励数据共享，并具有提升数据国际化程度、量化评价数据项目的工作绩效、促进数据汇聚及数据灵活性服务等效益[4]。

数据期刊与传统期刊在编辑出版流程上存在差异。据《全球地质数据》介绍，首期所选的数据集首先对全国地质资料馆的馆藏公益性地质调查成果数据进行系统挖掘整理，筛选选题后，邀请原数据作者参与完成首批数据论文撰写。其次按照期刊发表要求，对数据论文进行同行评议与修订。再次通过保密、公开化、地图编图等专业审核，对可能存在的问题进行全面处理和复核，确保不存在安全问题。最后进行公开发行。这种数据期刊的发行模式打破了传统作者提供稿件的模式，是一种探索数据共享出版的新模式。

3. 非传统传媒机构建立数据中心

各领域掌握数据资源的机构建立数据中心，直接以数据中心的形式通过互联网发布数据集及数据论文。最早的是世界数据中心在 1957 年国际地球物理年提出将通过观测程序采集的数据进行归档和分配。2002 年《布达佩斯宣言》提出了出版物开放获取的世界宣言。数据资源中心机构与前文所讲的数据库式数据出版的区别是，不再以出版社的数据资源为中心，而是非出版社、期刊社、报社等传统新闻出版机构，通过自身拥有的数据资源建立数据资源中心，并可以绕开出版社、报刊等传统新闻出版机构而进行对外发布。

DOI 可以保证数据集的唯一性，这促进了数据的知识有效性，提高了数据的真实性、可信赖性。在这种技术保障下，非传统媒体机构可以建立数据资源中心直接发布数据信息，这就对传统新闻出版机构提出了巨大的挑战。在传统出版产业链的资源导向型模式中，知名出版社、大型专业化出版机构和期刊报社掌握着市场的议价权。数据资源中心的出现，使得谁拥有数据资源越多谁就越权威，或者说谁拥有 DOI 数据集的资源越多，谁就将拥有新闻出版市场的议价权。

现在我国建立的科学数据存储库（Science Data Base，ScienceDB）是由中国科学院计算机网络信息中心建设维护的数据中心，旨在建立一个公共的通用型科学数据存储库。该数据中心主要面向科研人员、科研期刊、科研机构及高校等利益相关者，提供科学数据汇交、长期保存、出版、共享和获取等服务，支持多种的数据获取与使用许可。对于每一份数据资源集会分配 DOI 号码。这个数据中心有两个特点：一是已经绕过传统科技期刊，通过网络进行数据信息的发布，可以弥补传统科技期刊版面容量不足的问题；二是不同于商业数据库，免费、便捷提供数据的下载和引用，促进知识的快速流动。这些特点正是数据出版的核心特征。

数据中心因其自身建立与运营，需要经济成本和社会成本，也需要获取经济利润。数据中心的获利模式，现状下有三种方式：第一种，如前述数据出版专刊一样，数据中心自行创办并发行相关的出版物，如数据专刊；这需要该数据中心拥有刊号或社号，即数据中心需要获得出版发行的牌照。第二种，如前文所言，数据中心绕过出版社、期刊社、报社，通过网络和社交媒体等渠道自行销售；国内可通过统计调查公司等方式，国外因为出版执照获取简单，可以直接自办出版发行。第三种，合作出版，数据中心与传统的出版社、期刊社进行数据资源和书号刊号的合作，公开出版发行数据论文及数据集；其国内流程有点类似以往的国际合作出版形式，是数字版权的合作形式。

4. 数据推荐阅读排行榜

数据出版也是数据分析技术的应用。随着数据库、大数据、数据挖掘等信息技术的快速发展，有些网络平台商提出计算机自运行的大数据分析，形成图书排行榜推荐。一些网络发行商提出大数据推荐，即把书搬到网上，按顾客兴趣进行筛选，做个性化推荐。通过分析消费者的网页停留时间、登录缓存数据、消费数据来推荐顾客感兴趣的物品，这是电商、搜索引擎、门户广告的常用手段。

数据推荐排行榜存在以下四个问题。

第一，互联网发行商并未公开数据算法，推荐榜单纯依据顾客兴趣的推荐或是掺有竞价排名和商业资本侵蚀尚未可知。这种技术本身会涉及侵犯网络消费者登录缓存数据隐私安全，而数据及其用途的发展速度远远超过隐私法或信息政策的发展速度。这涉及技术伦理，问题复杂。

第二，网购书消费者的样本只是小样本，且样本数据有很强的地域性。对于北京购书消费群体而言，有实体书店、网络书店、出版社直邮、免费赠阅等多种图书销售渠道，互联网发行商很难成为垄断力量。除了消费者网络购书和实体书店购书与阅读外，人们还可以在国家、城市、社区、高校、学校等各种图书馆进行阅读。若互联网发行商仅以自身顾客小样本数据作为出版行业或读者的阅读推荐，不仅脱离实际，也有很强的误导作用。

第三，大数据推荐只能依据读者的反馈信息进行分析，技术本身没有问题，但问题出现在读者反馈数据的样本库是否真实有效。常见的如：一些小众类的科学学术专业性非常强的图书，阅读群体很小，难以形成有效的反馈数据；一些涉及私密性话题的图书，少有读者会填写反馈数据；一些标题耸动吸引眼球的"标题党"图书，虽销售率很高但阅读率很低。

第四，大数据推荐排行榜在实际应用中存在一定的不科学性。图书销售率的高低并不能科学地指向书本的实际阅读率；读者信息的反馈并不能精准科学地指向图书的使用率；数据信息反馈的不科学性导致排行对图书质量的揭示方面还有局限性。

因此，数据排行推荐恰恰是一种辅助编辑推荐的功能。编辑除了推荐自身阅读和使用的图书外，还会依据自身学识水平和面向的读者群体进行经验性的脑科学分析，并加以反馈，从而引导读者。但鉴于编辑本身时间、精力、能力、阅读兴趣等相关阅读偏好影响因素和编辑群体的有限性，会对编辑推荐的排行榜有一定的影响。大数据推荐说到底是一种应用技术，而且是一种可以被编辑掌握和使用的应用技术。在大数据技术的协同下，可以设立不同类型的编辑偏好参数，形成更加科学的样本数据库；同理，也要对读者群体进行偏好参数分析。编辑再利用数据挖掘技术，对读者样本数据库进行大数据分析，并将分析结果纳入编辑推荐中。

5. 数据新闻应用孵化出版市场数据热点

在大数据的出版形态中有一个热点形态，就是数据新闻。数据新闻是随着网络时代的到来而出现的，是新闻传播演变发展的自然结果。

数据新闻的萌芽是从计算机辅助报道开始的。20世纪50年代，美国就有媒体记者利用大型计算机对政府提供的数据库中的信息进行分析，以调查和发现新闻事实。2008年成立的一家美国网络新闻机构ProPublica，以数据挖掘与应用为主，至2020年已六次（含合作）获得普利策奖，其成长速度超越了普通的传统新闻媒体机构。我国已有人民网、新华网、《新京报》等媒体建立类似的数据中心，加快数据新闻的产出与影响。

如果我们把数据新闻的目光仅仅聚焦在传统新闻媒体和记者调查领域，就忽略了数据新闻应用到出版领域的价值。笔者认为，狭义而言，数据新闻是指针对传统新闻机构的一种新的报道样式，是一种保证新闻客观性的新近事实的表达。数据挖掘、数据分析、数据辅助记者调查能够让新闻更加客观，增强了新闻的报道深度与客观性。

在此要提醒出版界，在媒体融合发展时代，出版人需要用融合发展的大视野来看待曾经传统的事务进行融合化发展。数字和网络技术已经大幅缩短传统出版的生产周期，特别是数字出版的流程已经颠覆了传统出版流程。大数据挖掘技术打破了传统出版和新闻媒介的界限，促进新闻出版的融合发展。

数据新闻应用到出版领域，是指利用数据新闻技术，采用议题设置理论，基于数据的抓取、挖掘、统计、分析和可视化呈现的方式，推动孵化出版市场发行形成数据热点，促进销售和引导舆论。

三、数据出版的生产流程

数据出版并不是从字面上理解，以数据库、数据资源为第一步，依然与传统的新闻出版方式一样，以选题策划为第一步。但是，选题策划的主角已经发生了改变，包括作者、编辑、记者、自媒体人、数据库拥有者、数据分析员等。这些群体都可以成为选题策划主力，成为内容提供者。数据出版改变了长期以来图书选题的操作模式。数据出版制作流程模式包括以下几步。

1. 选题策划：数据挖掘

数据挖掘技术是数据出版得以实现的一项重要技术。数据挖掘是从大量的、不完全的、有噪声的、模糊的、随机的数据中提取隐藏的、未知的但有潜在价值的信息和知识的过程。数据挖掘技术辅助数据出版选题策划，主要是对已有文本数据库进行数据分析、对市场数据库进行数据比对，从中挖掘出隐藏的信息，从而快速生产出适合针对性读者群的出版活动。编辑进行选题判断的原则：不是所有的数据材料都适合做数据出版；需要先有故事，可利用数据库进行大数据分析预测故事发生地、发生概率；可用数据挖掘作者的潜在价值方向进行选题引导。

数据挖掘辅助出版选题的过程需要做数据采集、清理筛选等。在数据出版过程中，整个数据挖掘过程的核心算法需要将商业运营问题转化为大数据挖掘问题的算法，可从两类维度着重采用。一是分类维度。分类在数据挖掘领域是指一种数据分析形式，用来抽取能够描述重要数据集合的模型。读者流失率、销售效果、用户偏好等都属于数据挖掘的分类。常见的分类方法有决策树、贝叶斯、神经网络和逻辑回归等。二是预测维度。预测在数据挖掘领域也是指一种数据分析形式，用来预测未来数据趋势的模型。常见的分析方法包括简单线性回归分析、多重线性回归分析、时间序列等。

2. 内容创作：深度数据挖掘

通过自建、购买或第三方数据库进行数据抓取。数据包括数字、文本、图像、音频、视频等数据出版生产过程中所需要的数据。编辑需要使用 Excel 操作数据集，掌握 Excel 的基本功能及常用函数、数据透视表等软件应用技术手段，进行数据的搜集整理和可视化展示。

数据挖掘的工具和途径从入门到高级别可分为四个层次：第一层，了解统计学和数据库，达到理解入门层次；第二层，会使用数据库、统计学、SPSS 软件分析，达到初级应用层次，可应用在调查问卷、选题策划、市场反馈等；第三层，会使用 SAS、R 软件，达到中级应用水平；第四层，熟练使用 SAS、R 和 Python 软件，可以达到数据挖掘师的层次，进行元数据的算法分类与制作。

3. 编辑加工：数据清理

数据出版并不是要展现海量数据，而是要通过筛选把关，围绕出版服务读者的生产流程的导向，做好编辑加工生产活动。利用数据技术和数据资源，展现思想创新是数据出版的创作源泉。

编辑需要使用多种计算机软件工具，提升数据处理效率，包括用 Tabletools 进行网页上下载数据表、使用 Open Refine 做数据清洗、简单操作 MySQL 数据库系统、使用 Python 和 API 抓取网络数据、使用 R 语言和 Selectorgadget 插件抓取数据。以数据出版的编辑掌握计算机 R 语言为例，这是一种数据分析工具，用于统计分析、绘图的语言和操作环境。编辑可以采用 R 语言进行统计计算、数据分析和统计制图。这种自由软件开发共享理念正是后文论述数据出版开放性、共享性理念的技术保障，也是一种趋势。

4. 出版物呈现：可视化构建

可视化构建是指通过数据过滤、深入挖掘、特定目标清理后，要对数据进行可视化设计，构建完整的作品。编辑需要根据数据需求选择图形，避免数据表达的图形误区，做出有设计感的信息图，掌握图形设计与配色原理，利用 ECharts 定制可视化图表，使用 Tableau 导入数据生成交互图表，用 Datawrapper 生成交互式作品。编辑可以用 Tableau 在线工具，这是一个数据发现、分析和叙事数据可视化的平台。Tableau 将数据运算与美观的图表结合在一起。它方便地实现了数据连接，无须编程就可以创建地图、条形图、散点图和其他图形，还可以制作数据地图等[5]。

编辑可以用 Datawrapper 在线工具，它可以帮助用户创建交互式可视化数据。这是一个开源工具，能在几分钟内创建可嵌入的图表。编辑还需要利用新兴网络技术工具，将作品的部分章节、书评等内容进行网络营销。

5. 市场发行：短视频传播

在短视频时代，负责外宣的编辑、宣传人员还需要有视频剪辑、音频剪辑等辅助工作技能。编辑可以利用美图秀秀、Photoshop 等修图软件对图片进行处理，包括裁剪照片、增减曝光、美化图片等应用。编辑可采用 Audacity 和 Audition 音频编辑软件，进行常规操作，包括修改采样率、增减音量、降噪、录音、淡入和淡出效果、从视频中提取音频素材、声音特效、声音合成和导出等。编辑可用视频软件 Premiere 和 Final Cut Pro 进行常用操作，包括素材的采集与导入、添加字幕、混合音频、编辑素材、制作简单特效、输出与生成等。

四、数据出版的未来

作为大数据时代出版学发展形成的新领域，数据出版代表未来出版的发展方向之一。数据出版是一种由数据驱动的出版活动，包括数据描述型数字图表的表达，但更多的是包含数据挖掘、数据量化分析，将数据背后的深层意义通过数据挖掘加以呈现，满足用户更加人性化、个性化的需求。

1. 数据出版的问题

数据出版在我国刚刚起步，还存在以下问题。

第一，出版社、期刊社、报社等传统媒体机构进行主动设置算法及数据抓取、数据挖掘的比较少，还有技术、资金、人员、薪酬、制度等多方面的制约因素。传媒机构普遍开展数据出版采用的方式，主要是利用好现有数据并进行深度解读，依据政府信息公开化向社会公众提供了大量的开放性数据，将晦涩难懂的专业数据依据不同的受众、不同的使用领域进行解读，转化为各层级读者能够理解的具体内容。数据较多来源于政府、专业垂直机构或第三方机构的现有数据。整体而言，出版业面临出版机构自建数据池不足、出版行业自建数据湖不足的问题。

第二，出版社、期刊社、报社等传统媒体机构建立专门的数据新闻制作团队比较少，传统新闻出版生产中的部门制度、传统采编流程、专门的数据项目制团队绩效考核等多方面因素还有制约。社会上既懂新闻出版传播规律与媒介规范，又懂出版、编程和设计的复合型、成熟型人才总量不足。对于传统传媒机构而言，数据出版团队工种多、战线长、投入大、培养成本高。这些客观条件制约了数据项目团队的建立。

如果想将数据出版做出规模，必须要有专业化人才队伍、合理的人才晋升发展空间、科学的运行机制，才有利于数据出版的专业化、规模化生产，让出版机构更好地服务于社会。

2. 数据出版所需人才的复合技能

出版业界迫切需要院校培养了解传统出版规律、编辑加工方式、传统写作、数据统计及分析、美术设计、互动设计等多方面能力的复合型人才。人才新增复合型技能如下：一是美编技能，包括使用 Photoshop 和 Illustrator 等工具设计图案、3D 制作、图片设计和排版等。二是程序技能，包括使用 HTML、Python、R、SQL 等工具进行编写代码，实现数据获取和分析、数据可视化等。三是宣传发行技能，包括使用 Audacity 和 Premiere 等软件，进行剪辑视频、剪辑音频、混合视听制作等。四是数据挖掘技能，编辑需要熟悉挖掘的方法、挖掘的工具、挖掘的平台、挖掘如何应用等。

这些新职业技能的出现，也推动新兴职位在新闻出版企业机构中出现，如数据挖掘工程师、可视化数据美编、数据新闻产品经理、图书选题数据分析师等。同时，这也需要编辑出版人才不断更新职业技能。

3. 数据出版传播途径

在媒介融合的大出版时代，数据出版产业模式特点增加了数据信息的传播途径，有如下几种。一是可视化传播。可视化传播在读图时代是传播数据信息快速有效的一种途径。运用可视化传播，可以快速吸引读者的眼球，增强可阅读性，刺激用户购买的欲望。可视化图表除了美化设计，还更直观地表达了信息材料。一方面，传统纸质出版物在可视化呈现上相对单一，读图时代绘本类印刷型出版物受到追捧，数据出版的可视化设计将会扩展传统出版的文图呈现，让文字、数字更加生动。另一方面，数据出版可以借助数字终端形成富媒体可视化的出版，将更加扩展出版的表现形态，吸引更多的读者受众。二是叙事传播。传统的叙事方式已经在数字传播时代可应用范围一再缩小，但高质量作品依然能够吸引读者用户；数据挖掘辅助出版的选题策划、内容创作、编辑加工将提高出版的质量，扩展新型叙事传播。三是社交传播。社交媒体已经是当下最为快速的传递信息的方式，出版业利用数据新闻在出版的应用，通过一些社交媒体进行出版主题议题设置，制造数据热点，进行信息传播和舆论引导；通过社交媒体获得用户数据阅读偏好，进行阅读推荐；通过信息引导、出版众筹引导用户参与数据出版的制作与分享，及时反馈数据信息给用户，拓展数据出版的传播力和引导力。

4. 数据出版的前景

数据在数字时代的广泛存在和便捷流动反映了数据源和现在可用的庞大数据无处不在。据克莉丝汀·伯格曼、格拉德威尔等国外学人预测，科学、医学、商业及其他领域的数据已经达到临界规模，接近数据临界点。数据临界点是指数据汇总已经超越流行阈值，并得以快速传播。达到数据临界点的领域意味着该领域的数据可以更加快速地产生、挖掘和分配[6]。这为数据出版的规模化发展形成了广袤的土壤。这种临界规模的形成，伴随信息资源商品化发展趋势，包括消费者购买行为、社交媒体、信息检索、学术出版和卫生健康监控等领域，都已经产生了新市场。这种趋势深受知识产权与信息经济政策影响，为传统出版的转型带来数据出版的新动能。

数据出版的基础设施是数据的开放与共享。数据开放旨在促进信息流动，提高系统服务耦合度及其协同工作能力。数据开放并不是指数据免费，而是指数据的有价有限流动，产生更大的数据经济价值。数据开放性的经济属性是数据出版的经济价值来源。数据开放需要经济和社会成本。数据出版是基于数据开放与共享的基础，进行深度的数据挖掘，创造新型可视化数字出版产品。数据出版的社会价值是推动数字社会的开放。数据出版将推动软件模型、标准、服务和知识协同生产等趋于开放，推动言论理性的自由。这种趋势将改变出版相关各利益相关者之间的关系。例如，数据档案出版就将盘活档案资源，促进社会文化的传承，其社会价值比经济价值更高。

出版行业需要进行有限性的开放与整合，建立出版业自身的数据中心，如公版书数据中心、地图出版资源数据中心、高等教育教材数据中心等。数据出版基础设施中心，一部分通过数据加密、数据版权、数字经营进行创收，获取利润，促进再生产；另一部分通过数据共享、加速知识流动缩小知识鸿沟。数据信息流动在很大程度上依赖数据基础设施的发展。5G无线通信网络的容量和渗透能力不断增强，用于支持数据流动的工具和技术日趋增强。移动数据、学术数据和社交数据等都为数据出版的商业化培育了市场空间。这些都推动出版业加快建设大数据湖、小数据池等数据中心。

大数据技术的发展与应用令媒介融合势不可当，这一趋势要求跨媒介、大出版的发展模式，而与之相关的政策管理体制也需要打破原有的条块分割，进行融合式的统一管理。在这方面，我们已经展开了一些有益的探索。全国已经开始试点建立大部门体制、推动大文化发展，包括北京、上海、杭州、南京等数十个城市被列为文化体制改革综合试点城市，在这样的背景下，在部分地区，文化、广电和新闻出版局等部门都已实行三局合一，实行了大部制。2018年国务院实行机构改革，重新调整了业务归口。传统印刷的原材料消耗大量木材，破坏环境，引发浪费和污染。纸张、油墨等原材料成本又连年增长，导致书价上涨，间接影响人均购书支出。数据出版是在媒介融合大出版的范围框架下的新兴形态，如果仅仅把数据出版理解成图书的数据化处理，就过于狭义了。传媒业推动媒体融合发展，需要从本质上坚持一体化的发展方向。媒体融合是有效整合新技术、新媒体的手段，数据出版可以让新兴媒体中的变量成长为提高出版传播效率、增加出版经济利润、增强出版社会价值的增量。

参考文献

[1][2][3]衣彩天.数字出版的成熟阶段:智慧出版[N].中国新闻出版广电报,2020-06-10.

[4]全国地质资料馆订阅号.我国首个地学领域数据出版专刊公开发行出版[EB/OL].(2017-09-23)[2020-07-30].https://www.sohu.com/a/194133338_100022304.

[5]刘英华.数据新闻实战[M].北京:电子工业出版社,2016.

[6]克莉丝汀·L.伯格曼.大数据、小数据、无数据:网络世界的数据学术[M].北京:机械工业出版社,2017.

即时、伴生、交互、联动：
终端侧智能出版创新*

崔恒勇　高正熙

摘　要：随着移动互联网、大数据及云计算技术的快速发展，人工智能产业也加快了与出版传媒产业融合共生的步伐。在媒体融合的时代背景下，围绕垂直用户群体建构基于终端侧的智能出版创新模式，不仅能够优化出版传媒的生产加工流程，同时也能充分利用人工智能的技术优势，实现用户需求的精准伴生画像、媒体终端的情境感知互动及终端多屏生态联动出版等终端侧的智能出版创新。

关键词：融媒体；终端侧；媒体融合；出版创新；人工智能

自 2017 年 7 月国务院发布《新一代人工智能发展规划》以来，我国人工智能产业迎来井喷式发展，微软、谷歌、百度、阿里巴巴等国内外科技巨头纷纷加入人工智能产业布局的行列，人工智能也在加快与传统产业进行深度融合。就出版传媒行业而言，智能出版正成为出版创新驱动的新动能。

一、智能出版发展概述

经过 60 多年的发展演进，人工智能已从单向度智能应答向复合智能应用发展过渡，特别是在移动互联网、大数据、云计算及脑科学等新理论技术的驱动下，人工智能迎来了第三次发展浪潮。此轮的人工智能浪潮主要体现在以大数据、计算力和算法框架为核心的基础层，以计算机视觉、语音识别和自然语言处理为核心的技术层，以及以智慧交通、智慧金融、智

＊本文系北京市教育委员会社科计划项目（SM201710015005）阶段性成果。
本文发表于《中国出版》2020 年第 12 期。

慧医疗为代表的应用层三个层面的技术发展与应用。大数据驱动的知识学习、跨媒体认知推理、人机协同融合、基于网络与数据的群体智能等成为新一轮人工智能的发展特点。人工智能作为全球新一轮产业变革的核心驱动力，将进一步释放互联网时代下科技革命所带来的巨大经济效益，重构各产业的生产、交换、消费等各个环节，形成新的发展驱动引擎，并融合催生出新技术、新业态、新模式，颠覆大众的生产生活和思维模式。尤其在知识服务方面，未来几年人工智能将优先解决资源分配失调、生产效率低下等行业突出的痛点。

人工智能技术的应用前景已给出版业带来了足够的欣喜与期待，从机器写作、数据决策到定向分发，人工智能技术的发展与成熟为智能出版的形成发展创造了良好的技术基础。智能出版实现了对数字出版的流程再造，由"编、校、审、印、发"等环节的机械数字化转向协同一体的智能数字化，智能出版将是传统数字出版之后的新业态。目前智能出版的应用成果主要集中在出版生产流程的优化与创新方面，人工智能对出版流程的最大启迪在于适时地构建了一套自动化、智能化、系统化的出版流程。在出版导向与选题策划方面，智能出版依托云端平台对海量出版行业与用户消费等数据进行抓取挖掘，并结合自身出版优势协助决策者确定相关出版选题；在内容生产与提供方面，智能出版借助人工智能技术整合与选题相关的内容数据资源，形成出版内容数据库。通过对数据库中的海量词条进行多次整理和反复迭代学习，基于神经网络和复杂算法的类人脑机器可以迅速而高产地编制出需要出版的内容；在编辑、审校和制作方面，一些文献查证、数据核验、敏感词排查等基础烦琐的工作可以由机器来完成，编辑人员可以对出版内容的创作品质和内容逻辑进行把关；在发行与市场推广方面，云端的智能化为智能出版提供了全面的市场营销数据保障，使得智能出版能够进一步地针对用户进行精准推送；同时支撑传统出版业务和数字出版业务在出版流程等方面的深度融合与优化，为用户提供品质更好的出版服务，为出版者创造更好的经济利益。

相较于面向人工智能基础层和技术层的融合发展而言，面向终端应用层的智能出版能更有效地扩展出版需求、增强用户黏性和满意度、提升出版消费，更符合其大众消费的行业属性。基于终端侧的智能出版使得用户画像更加多维精准，同时也打通了用户个体、关联群体与出版主体间的数据壁垒，实现出版生产与出版需求的平台一体化；基于终端侧的智能出版将出版活动融入人的日常场景中去，基于终端情境感知与交互，不仅极大地拓宽和延伸了出版需求领域，也使出版更加具有人的温度；基于终端侧的智能出版是以用户为中心，面向个体的时空维度，满足用户的成长需求、社会塑造、群体认同等多维需求的跨屏联动式的生态型出版。终端侧智能出版真正实现个体与群体、用户与内容的认知协调，实现了以需求感知导向的"自我出版"。

二、终端侧智能出版的特征

基于用户终端的全流程"下沉式"智能出版旨在真正地全方位了解用户需求，为用户提供基于时空维度的伴生型即时出版服务。这种面向用户群体的前向一体化智能出版模式的特征主要表现为以下四个方面。

1. 用户数据体系化

终端侧智能出版的发展根基是体系化的用户数据，而数据的背后则是人。用户数据的多维化、动态化、策略化是实现终端侧智能出版用户精准画像的三个重要方面。相较于传统出版主体的"本位化"出版模式，基于终端侧的多维化用户数据主要采集目标用户的多维化角色需求及空间需求等方面的数据，如职业角色、母亲角色、工作空间、亲子空间等。该数据体系能够实时有效地掌握用户的偏好数据、行为数据、消费数据等，为满足用户多维度实时的信息出版需求提供了数据保障。相较于以往的静态节点型出版数据，基于终端侧的动态化用户数据主要采集目标用户的时间维度需求，包括短周期的上班下班、作息起居需求，长周期的个人成长需求等。该数据体系能够在用户的时间轴上持续不断地累积用户相关数据，通过建构动态化的群体共性出版需求模型和个体个性出版需求模型，为用户个体提供相应的预见控制、回顾控制等智能出版服务。相较于现有的无序化小群体用户数据分析，终端侧智能出版的数据体系是以策略化模型建构为前提的，一方面能够精准有效地搜集整理用户数据，并得以即时加权决策；另一方面也为智能出版的加工生产流程提供实时可靠依据。用户数据的体系化是终端侧智能出版的核心特征，也是其创新应用的前提。

2. 出版生产即时化

相较于传统出版的生产加工模式，现阶段的智能化出版已能够在选题策划、审校纠错、排版制作等方面实现大数据运算及智能加工等功能。围绕出版行业与用户消费等体系化的数据建构，能够实时地反映相关出版领域的新动向、新热点，并为出版的选题策划提供出版可行性、出版内容形式的优劣势、出版效果预期等数据支持，为相关智能化出版决策提供强有力的数据保障。智能出版中大数据智能、群体智能、自然语言处理等技术理论的深度应用，不仅能将审校人员从烦琐而庞杂的基础工作中解放出来，而且其在批处理、低容错率等方面的优势能够极大地缩短出版流程的周期，为智能出版的即时化生产提供运算加工支持。图像自动识别、语音交互、深度学习、知识图谱生成等技术在出版领域的深度融合，能够为用户个体提供个性化且"有温度"的出版内容，同时也打破了单向出版的知识壁垒性，为智能出版建构以用户为中心的多元化知识服务体系拓展了思路。智能发行的核心任务已由传统图书的渠道发行转向了数字出版与出版服务的价值实现，其构成要素主要包括优化完善出版内容供给、提升出版消费质量、统计分析、个性化推荐和精准投递推送等。基于终端侧的智能出版能够在终端体系化数据的支持下进行云端选、编、校、制等一体化出版生产，并能实现出版需求的即时响应。

3. 出版智能个性化

终端侧智能出版源于终端用户的精准画像，同时也服务于终端个体的个性化出版需求。出版智能的个性化是终端侧智能出版的优势体现，同时也是终端侧智能出版的策略依据。终端侧智能出版的个性化主要体现在个性化镜像、个性化情境及个性化目标三个方面。终端侧智能出版的个性化镜像是指借助终端用户的多维动态数据模型，利用人工智能突出的机器学习算法和深度神经网络技术，终端侧智能出版系统得以模拟用户的角色特点、行为喜好、消费习惯等个体数据画像，并延伸用户的多维角色关联特征，体系化镜像用户的个性化出版需求。终端侧智能出版的个性化情境是指依据终端用户的日常行为方式和角色轨迹特征，借助终端媒介入口数的智能认知计算，构建用户个性化的终端情境感知与人机情境互动，实时分析用户的时空情境特征，结合用户的行为心理与消费习惯，及时做出出版响应，为用户提供适时适景的出版服务。终端侧智能出版的个性化目标是指以用户日常的智能出版活动数据为样本，参照云端同类数据样本群，并完成实时的比对优化，运用群体智能技术为用户建构基于时空维度上的个性化动态出版消费目标，既能满足用户对于自我认同的个性化出版消费需求，也能满足其对于群体归属的个性化出版消费需求。

4. 出版服务多元化

终端侧智能出版的核心任务是以用户个体为中心，建构终端联屏的出版生态，满足用户多维度出版需求的新型出版模式。出版服务的多元化不仅是终端侧智能出版的优势特征，同时也是其终极目标。出版服务多元化主要体现在服务内容、服务形式及服务功能的多元化。在出版服务内容的多元化方面，终端侧智能出版除了提供常规的电子书、有声读物、资讯阅读、音像、游戏等数字出版物之外，也能针对用户的职业需求、角色需求、生活需求等个体多维需求提供多元化的出版内容服务，如技能出版、育儿出版、美食出版等。在出版服务形式的多元化方面，终端侧智能出版不仅能够提供出版品、社交互动等服务形式，还能够基于用户的动态数据模型为其提供情境交互、情感交流、智能辅导、心理矫治等服务形式。在出版服务功能的多元化方面，终端侧智能出版除了延续传统数字出版的文化传播功能、教化功能、娱乐功能和社交功能外，也借助群体智能等技术优势为用户提供自我塑造功能、社会归属功能、健康辅助功能等个体成长与社会化过程中的出版功能需求。

三、融媒体背景下终端侧智能出版应用

基于终端的智能出版在用户数据的价值挖掘、时空维度的情境感知与即时出版响应等方面的优势，不仅能够有效地提升出版服务的品质，拓展用户的消费广度，而且能够在媒介融合技术的背景下为用户提供伴生型、交互型、联动型的复合智能出版新模式。

1. 基于用户精准画像的伴生型智能出版

终端侧智能出版的用户精准画像是对用户的日常行为活动的体系化数据模型建构，其具有的多维化、动态化及策略化的数据价值为技术层的加工生产提供实时数据决策依据，为实现用户的伴生型智能出版提供了基础保障。

终端侧智能出版的伴生型出版主要包含以下三个维度：首先是基于个体成长的时间维度伴生出版。作为社会中的个体，用户在时间轴上的成长轨迹具有普遍性和连续性。依据群体样本数据的参照系，为用户提供成长过程中的动态出版内容体系，在教育、心理、娱乐及健康等领域为用户提供可预见、可控制的规划型伴生出版。其次是基于个体活动的空间维度伴生出版。用户在日常社会活动中，以其移动终端为信息认识与交互入口，通过图像识别、语音识别、机器学习等感知与认知智能技术，为用户提供不同空间维度的个性化需求响应，在出行、安全、居家等空间中提供可实时认知互动的伴生型出版。最后是基于个体关系的角色维度伴生出版。社会个体在不同阶段具有不同的角色属性，其相互关联的角色诉求也有所区别。依据用户关联数据模型，通过分布式计算与深度神经网络等技术，为用户提供不同角色关系中的出版内容，在育儿、养老、职场、社交等领域提供角色准确的伴生出版。

2. 基于终端情境感知的交互型智能出版

终端侧智能出版的突出优势是基于终端的情境感知，即通过终端入口获取用户主体与客观场景的融合感知，包括与用户相关的角色感知、情绪感知、活动感知、环境感知等。而基于终端情境感知的智能出版也为实现智能交互出版提供了客观的算法模型，其交互的维度主要包括内容维度的交互出版、情感维度的交互出版和角色维度的交互出版等。

内容维度的交互出版主要依据用户的实时空间环境数据，比照以往的用户角色及消费喜好等数据模型，为用户提供相应及时的知识信息等交互出版内容，如终端媒体感知用户在就餐时段厨房空间中的相应活动，并依据其以往用户行为数据为其提供美食烹饪等出版内容。情感维度的交互出版主要依据终端媒体对用户在实时空间的行为特点与生理指标等数据分析感知用户的情绪状况，如紧张、恐惧、开心等，并为用户提供及时的正负功能强化的交互出版服务。例如，通过车载媒体终端感知到用户的紧张情绪时，可通过播放一些舒缓的音乐歌曲来缓解用户的焦虑情绪。角色维度的交互出版主要依据用户的角色属性与日常的个体行为模型数据，通过云端的同类角色群体的行为模型数据库比对优化，为用户在角色社交活动中提供相应的交互出版服务，并为用户角色的认知与行为偏差提供矫正出版服务。

3. 基于终端多屏生态的联动型智能出版

终端侧智能出版的终端媒介并非单一固定的移动终端，而是基于用户活动轨迹的跨屏联动、多屏联动、终端生态联动的智能出版模式。终端跨屏联动型智能出版主要依据用户活动空间的变化，实现终端媒介的智能响应与智能跨屏，并提供无缝对接的跨媒介出版服务。例如，用户在室内空间使用电子书阅读器阅读出版品，在移动至汽车空间内时，可实现车载媒体的智能响应，并自动切换成有声读物。终端多屏联动型智能出版主要依据用户活动内容的属性不同，实现用户数据模型分类共享，建构用户终端的多屏联动模式，并完成关联内容的延伸出版。例如，白天用户在视频媒体中观赏了美食类节目，并对其中菜品产生了喜爱，晚上当用户移动至厨房空间时，终端媒体会智能推送该菜品制作的出版内容。终端生态联动型智能出版主要是围绕用户的角色、行为、喜好、需求等多维数据，建构优化用户的出版需求体系，同时能够为用户提供时空维度上的需求规划和自我塑造。基于终端多屏生态的联动型智能出版是终端侧智能出版的数据保障与核心特色。

四、结语

终端侧智能出版是人工智能技术与出版业融合发展的重点方向。它既符合了出版业大众传播的行业属性，也满足了用户个体的个性化需求。终端侧智能出版真正体现了以用户为中心的出版运营模式，将出版服务融入个人的成长活动轨迹之中，不仅拓展了出版消费的深度与广度，同时也将出版服务的社会价值提升到新的高度。在媒体融合的时代背景下，终端侧智能出版为出版业的转型升级提供了新的应用思路。

参考文献

[1]范军,陈川.人工智能在欧美学术出版领域的应用及其启示[J].河南大学学报,2020(1).

[2]唐学贵.智能化,引领出版融合创新发展[J].出版广角,2019(18).

[3]杨铮,刘麟霄.人工智能环境下的出版流程重塑与内容生产革新[J].编辑之友,2019(11).

[4]张弛.大数据时代中国出版产业链的重构[D].武汉:华中科技大学,2015:179.

[5]王晓光.人工智能与出版未来[J].科技与出版,2017(11).

[6]胡正荣.传统媒体与新兴媒体融合的关键与路径[J].新闻与写作,2015(5).

[7]李其名,姚君喜.工业4.0时代智能化出版发展路径[J].出版科学,2017(5).

[8]袁舒婕.出版是否要步入人工智能新时代?[N].中国新闻出版广电报,2017-12-28.

[9]牟智佳.学习者数据肖像支撑下的个性化学习路径破解——学习计算的价值赋予[J].远程教育杂志,2016(6).

[10]何清,李宁,罗文娟,等.大数据下的机器学习算法综述[J].模式识别与人工智能,2014(4).

数字出版业务模式研究

抖音迷：嵌入在知识生产与数字化生活中的流量生成[*]

常　昕

摘　要：本文旨在探讨以抖音为代表的短视频平台数据流量的生成逻辑，尤其是受众参与与流量创造之间的因果联系。研究认为，抖音的视觉形象嵌入人们的知识结构、数字化劳动及网络消费等社会生活的方方面面，对日常生活的嵌入性是抖音流量生产的根源性动力。进一步而言，抖音平台上流量的生产归因于所有用户个体时间和情感劳动的积聚，短视频平台上的时间逻辑体现为阅视时间的无限叠加，是时间在多线程下立体增厚的过程。研究提出，巨型的流量公池使抖音具备了设置视觉议程、引导流量走向的能力，抖音等头部企业有必要从社会守望的立意出发进行流量规划，为年轻一代构建娱乐与人文兼备的知识生态。

关键词：抖音；短视频；流量；视觉文化；网络消费

抖音 App 上线以来，不仅成长为一款领跑于短视频市场的超级应用，也一直是短视频研究者饶有兴趣的观照对象。截至 2020 年 2 月底，中国知网上相关研究超过 1700 篇，研究问题涉及内容生产、商业模式、受众心理、文化机制等诸多方面。学者们分析了抖音平台上的互动仪式及其中价值生产的原理[1]；用迷因理论解释了抖音中"模仿拍摄"得以流行和传播的文化动因，为解析短视频文化流行符号的生成提供了理论范式[2]；介入拟剧理论和数字劳工理论阐释了短视频用户自我呈现和线上劳动的内在驱动

---

[*] 本文系北京印刷学院科研计划重点项目"媒介新变迁语境下青年受众媒介消费观研究"成果。

本文发表于《中国编辑》2020 年第 6 期。

力[3]，等等。而在众多行业分析文章中，日活用户和粉丝创造的"数据流量"往往是衡量短视频传播价值的核心指标。目前关于短视频的研究中，鲜有人对流量这个行业词语进行专门论述，尚未明确地辨析流量生产和受众参与之间的互动关系。因此，本文的研究关切正在于从受众生产、情感参与和网络消费等角度去解释数据流量这一概念的潜在规制与根本成因。

一、抖音中视觉形象对日常生活的嵌入

近些年，媒介生产和数字化消费领域中的数字劳工问题被国内外学者广泛讨论。按照桑多瓦尔提出的定义，数字劳工指的是将信息通信技术与数字技术作为生产资料的脑力劳动者和体力劳动者，包括生产者和使用者。通信技术和数字技术裹挟下的资本积累开始从工厂车间向以大都市写字楼为主的"社会工厂"转变[4]。在智能手机和自媒体传播高度发达的媒介环境中，数字劳工的专业性已然式微，智能终端作为社会个体的"人体延伸"，已成为某种平等且易得的生产工具。新媒体平台上的用户生产内容（UGC）成为数字资本主义新的剩余价值增长点。抖音在2020年年初发布的《2019抖音数据报告》显示，截至2020年1月5日，抖音日活用户数突破4亿。数以亿计的用户在抖音平台上生产、消费视觉形象的过程恰恰体现为数字劳工以免费劳动炮制数据流量的自觉性。这种数字化劳动以智能手机和App模块为硬性生产资料，而每个用户的日常生活则构成抖音短视频UGC的软性生产资料，抖音视觉形象的产出实则嵌入朴素社会生活的方方面面，这也正是抖音"记录美好生活"这句口号所映射出的意旨。

1. 对知识结构的嵌入：视觉化的搜索引擎

视觉文化的崛起导致图像与文字新的紧张关系，书籍等印刷出版物的广泛图像化，网络视频和影像化的流行，深刻改变了人们的阅读习性和方式。视觉性成为最重要也最有效的消费资源之一[5]。作为通俗文化的载体，短视频创造着适应于快感消费的语义环境并"驯化"着社会个体的阅读乃至文化接受习惯。其一，知识统一转化为视觉化信息，可视画面成为信息编码的基础符号，受众信息感知的逻辑结构发生改变。其二，受众的视觉

实践打破时空和文本载体的约束，拇指向上滑屏即可完成。其三，亿万用户随手拍摄大批量的视频片段，免费劳工众包式地将抖音培育为视觉大数据平台。同时，用户画像和数据算法促使网民陷入机器织就的一处处"茧房"，沉浸其中享受着被迎合、被推崇的体验。

在此基础上，抖音受众正在一定程度上接受着知识结构的规训，尤其是对那些具有抖音视觉惯性的入迷者而言。抖音平台业已具备了成为搜索引擎的工具性，而所有算法推送的原点正是用户在抖音上的搜索关键词、关注抖音号、视觉停留时间等，因人而异的视觉需求促成抖音勾勒出多样化的知识轮廓。网友曾经用一句"有图有真相"来表明消费者在获取信息、知识、文化产品的过程中对视觉形象的依赖性，如今随着短视频应用的普及，"有抖音有真相"或许将成为当代消费者在进行知识或信息索取时的路径选择。

2. 对数字化劳动的嵌入：全民秀场中的消费与被消费

形象与资本的集聚造就着居伊·德波所分析的"奇观社会"。他提出，在现代生产条件无所不在的社会，生活展现为奇观的庞大聚集，曾经直接存在着的一切全都转化为一个表象。而媒体成为奇观发生的主要场所[6]。前人研究中常用媒体奇观理论来解释真人秀、电视剧、赛事转播等电视流行文化。与电视时代视觉形象自上而下的传播不同，在全民真人秀的今天，草根视觉形象的生产和传播是自下而上的，而且以个体为单元的制播平台使短视频平台上的形象生产呈现出无穷的草根智慧。

抖音平台上的秀场奇观至少应区分为两个层面：一是"你播我看"的直播间秀场；二是"你我共播"的素人秀场。与一般意义上的电视真人秀相较，网络直播秀表达出更为强烈的视觉消费导向，粉丝与主播之间消费与被消费的关系被虚拟为礼物、等级、背包道具等，而所有虚拟物品都有明确的货币标签。主播形象即商品，抖音在此情形下既收获了主播的打赏分成，又从粉丝群体免费的情感劳动中敛收源源不绝的流量。从平台到主播再到用户，清晰的产业链条和劳动关系凸显着直播秀场所具有的职业化场域特征。

相形之下，素人秀场则更宜被定义为网民狂欢的娱乐场域。而且，源于用户具体的拍摄意图和生活智慧，素人秀场中视觉文本的创造力是无穷且分散的，不仅有演绎的段子、萌动的宠物、创编的广场舞等带有清晰意义指向的视频，还有拆快递、捏泡泡纸、在雪地上踩脚印等将生活细节有意放大的直播或视频。在青年人无所不包的视觉需求和娱乐精神面前，某些日常生活中被忽视的"无聊"便具备了意义生产的价值。看客们一边沉浸其中，一边笑着说："明明这么无聊，我竟然看了半个小时！"印刷和电子媒介时代的文本生产是带有精英气质的，要经过某些意义价值或选题规范的过滤和筛选，而自媒体工具流露着某种"反意义"的文本生产逻辑，抖音的草根气质正呼应于此。一切精英文化滤网筛除的琐碎都可以在抖音上被肯定并成为流量创意点。素人秀被消费的意义恰在于自我数字劳动和情感投入的价值肯定，同时，"你我共播"理念下视觉生产和消费的平等性将网际的个体凝合为想象的共同体，且每个人都拥有成为草根偶像的机会。

3. 对网络消费的嵌入：广告发布的去中心化

带货是依附于网络直播和短视频而出现的网络流行语，并逐渐被消费者默认为抖音等平台的具体功能。在抖音上，不仅粉丝千万的超级消费意见领袖可以带货，从事普通职业的草根"豆芽"（抖音的粉丝）也可以凭借专业技能引起合作方的注意。

带货既是一种网络现象，更是基于传统媒体权威消弭、意见领袖去中心化且走向细分之后，广告传播为适应新兴消费情境而做出的路径演化。电子媒介时代的广告一般要围绕几个要件做成本权衡：明星代言、权威媒体、黄金时段、广告创意。随着注意力经济转向视频网站、流媒体平台，以上四个要件虽有调整但并未发生根本变化。但是，在直播与短视频等自媒体介质成为流量生发地的当下，草根"豆芽"可以在某个领域成为话语权威并成长为带货明星，他们的直播时间是带货的黄金时段，而嵌入在他们直播中的个性话术、个人情感、点对点互动等则是影响带货效果的广告创意。广告在本质上是策略传播的一种形式，而策略传播的核心是通过策略的执行来达成说服目标。粉丝对某个抖音达人的关注初始于对其视觉内容的认同、倾向乃至依赖，粉丝的黏性和信任是广告说服的重要条件，也是抖音带货更具精准性并成为突出流量贡献点的缘由。

二、时间的立体增厚：抖音流量生产的内在逻辑

作为视觉实践的主体，受众将自己的日常事务、家庭生活、文化记忆等关联到具体的媒介经验中，在持续性接触和时间积累下与视觉对象建立深刻的联系。这也就是传播学者安奈特·希尔所提出的"嵌入性时间"[7]，即受众沉浸式地投入在某一媒介或某个明星、真人秀、电视剧等视觉对象的消费中，形成媒介经验与个体时间交织的情况。这个概念给我们打开了流行文化研究的新面向，即从时间维度去考察视觉内容生产的劳动意义和价值。抖音平台上流量的产生和运动也要在根本上归因于所有用户个体时间与情感劳动的积聚。

1. 抖音主播职业化情感劳动下的流量生产

"人生是一场表演，社会是一个舞台"，这是戈夫曼拟剧理论的基本观点。他提出，人们为了表演，可能会区分出被他人所认可的"前台"和不为他人所知的"后台"。美国社会学家霍克希尔德在吸收拟剧理论的基础上提出情感劳动的概念，指的是员工管理自己的情绪并按照机构对面部表情或身体语言的要求来表演[8]。不论是每个人在社会上的前台表演还是员工为了报酬而从事的情感劳动，都有一个外在的约束力，即谁在看表演。这个问题在抖音的具体语境中得到了统一：直播界面是主播呈现自我的前台，所有粉丝消费的也是其前台形象。为了迎合粉丝的需要从而获得打赏、赚取报酬，主播需要以一种职业化的姿态完成一场场直播，同时为了从前台劳动中获取尽可能丰厚的报酬，他们往往要在后台做充分准备，包括心理、妆容、直播设备、话术练习等。电影《受益人》中网红主播岳淼淼在最后一次直播时讲了这样一段话："以前的小狐仙都是戴着面具跟大家聊天，今天让大家看一下我不化妆的样子。我告诉大家一个秘密，我一直说我24岁本命年，不是的，我38岁了。这块直播背景后面就是我的家，给你们看一下。"可见，昵称、妆容、年龄、背景板等所有放置在前台的表演道具都可以经过后台修饰，可以为了完成流量驱使下的情感劳动而进行面具化编辑。

2. 粉丝的免费劳动和消费行为

流行文化文本生产的最终目的是"被消费",电影、流行音乐、电视剧、真人秀、手游、网络直播均是如此。如果没有粉丝的视觉参与和形象消费,主播这种被网络文化塑造出来的职业或"消费型偶像"并不能驱动流量的滚滚集结。然而,网络直播有一个不容忽视的特质,即主播与粉丝之间形象信息的不对称性,主播是手机屏幕上的消费符号,而粉丝则隐匿在无数终端上实施着某种"偷窥"。为了完成信息不对称条件下的消费互动,各种货币化的礼物被创造出来,用五花八门的虚拟形象来代表粉丝视觉、心理乃至情感的交换。粉丝不但为消费形象付出了金钱,更作为免费劳工从事着平台流量生产的劳动。

对于抖音上亿草根短视频创作者来说,他们也是把自己的日常生活转化为视觉数据,并将之免费投放在巨型流量公池中,以满足秀出自我的快感体验。个体与大众文化传媒平台之间所体现出来的是一种彼此"征用"的关系。通过对大众文化传媒平台的深度"征用"与"合作",大众可以将自己在日常生活实践中无法实现的个人梦想通过平台释放出来,由此获得区别于日常生活的主体身份[9]。抖音等全民秀场恰恰是高融合度"征用"的典型代表,一方面,平台为大众通过个人秀实现梦想提供了渠道;另一方面,大众也为平台提供了赖以维系的视觉形象资源和数据流量。

3. 流量即时间立体增厚的过程

目前,抖音针对短视频拍摄给出了 15 秒和 60 秒两个时间选项。服务于受众的阅视行为,抖音现行的技术规定是不针对 15 秒短视频设置进度条,只能等时观看;60 秒视频设有可拖动的进度条,可进行非等时观看。而且,抖音对所有短视频都进行了循环播放的默认设置,只要用户不向上滑屏,视频播放时间就会在平台上得到整倍或非整倍的重复叠加。抖音等平台的流量产生和视觉时间的叠加是网络技术赋权的某种产物,网络技术打破了大众广播时代 1∶1 的时间线性,带来了反复阅视、倍速阅视、跳跃性阅视等种种可能。而且,视频内容可以不断地被搜索、点播,还可以跨平台转发、剪辑,这样一来,受众数字化劳动所免费兜售的时间即变得多向、多元且长尾。短视频平台上时间和流量的正比例关系由此产生,流量即阅视

抖音迷：嵌入在知识生产与数字化生活中的流量生成

时间的无限累加，是时间在多线程下立体增厚的过程。

假设王女士是抖音主播呗呗兔的粉丝，她在抖音上的视觉时间可能是这样分布的：打开呗呗兔主页下的视频 A，在循环播放中学习新发型→对新发型很满意，于是将视频@抖音好友，并转发到微信群→通知微信好友打开视频观看并讨论新发型→聊天结束回到抖音刷看呗呗兔的视频 B→呗呗兔的直播开始了，转到直播页面观看、互动、打赏。可以看到，循环播放是视频 A 时间重复叠加的过程，@抖音好友意味着时间在同平台上平行叠加，转发到微信群则增加了同一段视频的传播线程，时间可以在更多维度上实现立体叠加，以上所体现的抖音流量生成与受众视觉时间的因果关系可用图 1 来表示。视频 A 最初的制播时间虽未变长，却在整倍或非整倍的重复叠加、平行叠加、立体叠加之下增厚了。视频 B 及更多视频都会在王女士的指间经历大致相仿的时间"增值"脉络。接下来的直播无疑是按时间线性播出的，但直播结束后，呗呗兔还会对其进行精华剪辑并放到主页上，直播本身就变成了若干可供反复观看的短视频，继续收割粉丝的时间。

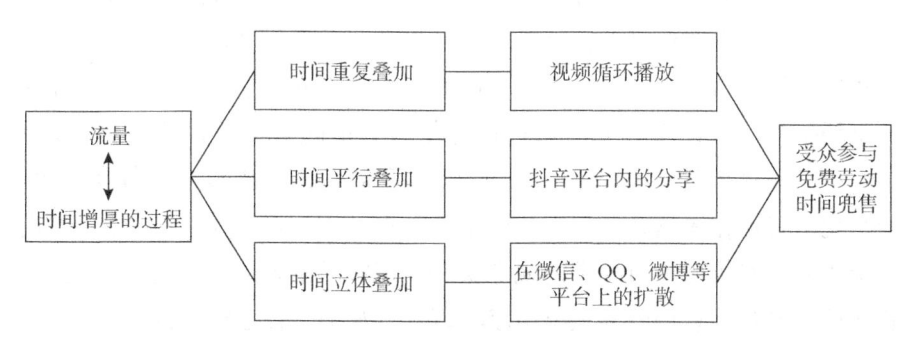

图 1　抖音流量生成与受众视觉时间因果关系

因此，网络流量归根到底是各种平台对广大网友宝贵的时间资源的索取。诚如阿多诺对文化工业的阐释：大众是次要的，是被算计的对象，是机器的附件。消费者不是国王，不是消费的主体，而是消费的客体[10]。大众的日常生活和时间被流行文化中各种视觉形象占据并消费，时间因此具有了商品属性，历时而生的流量也故而成为整个互联网行业利益追逐的焦点。

131

三、延伸思考：社会守望立意下的流量导向

目前，各个短视频平台都具有强大的分享功能，这刺激了视频在多重平台之间的流动性。视频从客户端流向社交媒体后，网民之间以视频为内容生发出观点、意见、反馈，并在社交平台上发酵、形成长尾或被湮没，体现出不同的价值影响力。抖音作为短视频领域的头部平台，其视频内容体量、用户分发强度、内容的到达率显然是突出的，也因此具备了设置视觉议程的功能。

近段时期，抖音在非物质文化遗产（以下简称非遗）、扶贫、教育等社会公共议题上的市场运作让笔者联想到，流量虽然是肆意而生的，但机器背后的算法却能带来流量的可塑性和导向性。众所周知，非遗是典型的民间文化，掌握技艺的传承人稀少且流传范围具有强地域性，外界知晓度低，缺乏市场孵化手段，种种困境令许多非遗技艺濒临失传。近几年，大众文化开始介入非遗技艺的传播，非遗技艺也逐渐走入大众视野。

2019年4月16日，抖音宣布推出"非遗合伙人"计划，旨在通过加强流量扶持、提高变现能力、打造非遗开放平台及开展城市合作等方式，助力非遗传播，培养年轻一代对非遗的好奇心，更好地发掘非遗的文化价值和市场价值。抖音将更多的流行符号注入对民间文化的传播和消费刺激中，更为非遗技艺与年轻人的联通提供了平台。碎片化阅读和高度视觉化的文化消费正在悄然改变着青年受众的知识结构，青年人在抖音这个高度影音化的消费场域中所从事的视觉实践、沉浸乃至入迷，毋庸置疑地成为其知识索取和信息接收的重要引擎。因此，如何从社会守望的立意出发适当且恰当地进行议程设置和流量引导，为年轻一代构建娱乐与人文兼备的知识生态，这是以抖音为代表的短视频行业亟待谋划的蓝图。届时，源源不绝的流量将不仅是市场价值的标尺，更是一个文化企业社会关怀的意义呈现。

参考文献

[1] 国秋华,孟巧丽.抖音的互动仪式链与价值创造[J].中国编辑,2018(9).

[2] 常江,田浩.迷因理论视域下的短视频文化:基于抖音的个案研究[J].新闻与写作,2018(12).

[3]任蒙蒙."表演的劳工":短视频用户的自我呈现与生产[J].视听,2018(8).

[4]姚建华,徐偲骕.全球数字劳工研究与中国语境:批判性的述评[J].湖南师范大学社会科学学报,2019(5).

[5][9]周宪.当代中国的视觉文化研究[M].南京:译林出版社,2017:13-14,108.

[6]DEBORD G. The society of the spectacle[M]. Canberra:Hobgoblin Press,2002:13.

[7]HILL A. Media experiences:Engaging with drama and reality television[M]. New York:Routledge,2019:121.

[8]HOCHSCHILD A R. The managed heart:Commercialization of human feeling[M]. Berkeley:University of California Press,1983:137-154.

[10]斯特里纳蒂.通俗文化理论导论[M].阎嘉,译.北京:商务印书馆,2014:81-82.

出版融合载体

——现代纸书的知识服务模式探析*

高 萍 张晓曼

摘 要：知识服务是出版融合发展的经济形态，我国传统出版机构因其历时性积累而具备的资源优势可以通过现代纸书这一融媒体产品释放出来。传统纸书为现代纸书的线上资源加持了内容的权威性和出版资质；现代纸书是传统纸书的承转和升级，是融合转型了的传统纸书，将历时性纸书出版与即时性知识需求精准对接的现代纸书媒体融合整体解决方案（RAYS）平台系统是实现知识服务的媒介载体和运作场景。出版主体的线上平台化思维和工具箱式建制是实现知识服务的必要条件，作者、编辑与读者用户等出版要素之间交互协同的出版机制搭建起现代纸书平台化横向密集型出版的知识服务模式。

关键词：出版融合；知识服务；现代纸书；网生性

知识服务是出版融合发展的经济形态。出版融合不仅是将传统纸媒内容电子化和数字化，更显著的特征是把作者、编辑与读者等出版要素从产业链条先后的纵向拉成平行的横向，建立起作者与编辑、用户与编辑、读者与作者之间的交互，出版内容与知识应答之间的优化，用户深度需求编辑拓展性即时推送的可持续，故使知识服务成为可能。2014年4月，国家新闻出版广电总局、财政部在其颁布的《关于推动新闻出版业数字化转型升级的指导意见》中首次提出了"知识服务"这一概念，引发我国出版业

---

* 本文系中国编辑学会编辑学研究中心2018年课题"现代纸书的创新体系研究"成果之一。

本文发表于《中国出版》2020年第5期。

界和学界的共同关注。2019年8月23日，由中国新闻出版研究院主办的中国出版业知识服务大会梳理了五年来有关知识服务的阶段性成果，出版业界的实践和理论研究印证了我国出版业知识服务的必然性、可行性，多形态化有质量的知识服务模式逐渐清晰。

一、新时代呼唤出版业知识服务新业态

知识服务是出版融合转型升级的新业态。出版业的知识服务是针对用户需求，借助于现代数字技术和全媒介管道，通过知识资源按需供给的方式，帮助用户解决实际问题的平台式服务模式。与传统纸媒图书出版经营存在本质的不同，知识服务具备以下特征：第一，知识服务是针对用户需求实现的"一对一"式的对象化服务；第二，知识服务是以数字网络技术为基础，融合各类传媒形态和功能的平台化服务；第三，知识服务是服务主体充分发掘出版机构知识资源的拓展性服务；第四，知识服务是用户主导下供需双方或多元互动的交互式服务；第五，知识服务是通过在线提供出版资源可持续性的长尾式服务；第六，知识服务是在一定标准化体系下确保质量的规范化服务。

进入新时代，数字技术网罗天下，移动终端入口占位，传媒科技对传统出版业的冲击早已不言而喻。传统纸媒图书单向传播的大众化、静态化和滞后性显而易见，用户媒介消费的碎片化时间和数字化阅读已成格局，市场倒逼新的出版形态。于是，"数字化转型""复合出版物""出版融合"等政策性概念接续而至，在政策的感召和市场的强劲助力下，我国出版领域的知识服务脱颖而出并日渐成为我国现代出版机构运营的新业态。

知识服务的"密集型出版"具有历史性表征和新时代意义。新时代是以数字技术和移动互联网罗天下的时代，传媒密集、入口密集、信息密集、知识密集、需求密集、反馈密集、技术密集。先哲亚里士多德在古希腊时期就提出了"知识树"这一概念，揭示了人类与知识的同源相依性。今天，科技与人文的历史进程把人们推向一个泛媒介环境下沉浸式的消费新时代，人人媒体且呼唤"密集型出版"。数字出版物虽早已问世，然而正由互联网的一切利弊所致，就出版物本身而言，针对版权问题、准确性问题、科学性问题、自媒体自发性等诸多问题，我们更需要质疑：一切数字产品都可以称为出版物吗？

一方面，绝对不能忽视传统出版物的权威出版和主体地位。数字是一个技术层面的概念，数字化绝非传播技能，而仅是传播渠道，所有的出版内容都只为用户的知识需求。在我国，500多家图书出版机构内容上的权威优势不可小觑，主要表现在出版物政治与科学价值取向上的把关性、"三审三校"质量控制的严苛性、出版资源历史积淀的丰厚性等。另一方面，也绝不能忽视现代出版客体，即当今广大读者用户消费理念之变化：互联网激活了人的主体性，中华人民共和国成立70多年来我国民众精神文化需求与物质生活水平在同向增长，人们正在从"炫耀性"的物质消费转向知识文化性的"无形消费"。对于知识和讯息的需求与日俱增，于是，在线问答和即时反馈成为常态，读者用户对知识元、知识集合、知识链路和知识图谱的需求具有新时代意义和历史性表征，新的市场需求催生和推进了密集型出版的知识服务形态。

二、现代纸书是构建知识服务模式的融合载体

现代纸书是出版融合升级后的传统纸书。在现有的出版传媒技术环境下，现代纸书是指借助纸媒图书上印制的二维码直接获取线上知识资源的融媒体书。将传统纸书出版的资源优势和权威性与现代数字网络资源即传媒效力勾连交融，这是构建知识服务模式的物质载体基础。现代纸书首先是一种理念。这种理念是在出版融合指导思想下关于"传统纸书+"的理性架构，其中"+"的内涵丰富、开放、动态、无限，与传媒科技的发展同步；与我国出版政策的价值导向合拍；与读者用户的出版需求和使用习惯对接；与现代出版内容和形式的演化并进。总之，与时俱进，现代纸书是一个不断为传统纸书赋能，可持续性地提供知识服务的范畴。这种理念能否达成共识，直接影响到我国出版业知识服务模式构建的先进性和知识服务质量。

现代纸书是传统纸书出版融合的载具，这种载具是被赋予了互联网资源和能量的传统纸书（图书）形态。刘永坚等在《论现代纸书革命》中提出了现代纸书的内涵：传统出版机构基于在纸质出版物上印制二维码，为每个二维码配套相应的数字内容资源，用户通过扫描二维码，即可获取线上衍生资源与服务，包括文字、图片、语音、视频、题库、问答、游戏、直播等。现代纸书依赖于传统纸书的历时性资源和权威性出版资质，可持续密集型出版，不断为传统纸书赋能，成为实体性知识服务模式的物质载

体。传统纸书为现代纸书的线上资源加持了内容的权威性和出版资质；现代纸书是传统纸书的承转和升级，是融合转型了的传统纸书，二者具有迭代关系。现代纸书是实现出版融合和知识服务的媒介载体形态。

以 RAYS（Readers at Your System）为代表的线上产品是构建知识服务模式的平台。现代纸书首先是一本纸媒书，这是我国所有传统出版机构实现出版融合知识服务的历史基础和优势，其本质属性是线上与线下的交融性，即需要一个数字网络平台，以一个有效的物联符号——二维码为入口，链接到线上资源，实现应需供给的即时性知识服务。因此，网络平台的建构成为传统出版社实现出版融合的必要前提条件，由国家新闻出版署出版融合发展（武汉）重点实验室推出的 RAYS 系统就是这样一个实现知识服务的媒体融合云平台。

RAYS 是一个面向出版社编辑和读者用户的聚合平台，针对不同的编辑内容和用户需求等研发并推送了超过 300 个移动智能端的第三方应用程序（App），其功能涵盖了问答、直播、读者圈、编辑培训等各类场景应用。总之，RAYS 是在融媒体出版云平台基础上研发的一个连接作者、编辑、读者并为之服务的网络平台或称出版融合整体解决方案。该体系通过在纸质书（刊）上印制二维码，配套衍生数字化资源，旨在帮助编辑突破纸质出版物的媒介限制，打造全新的互联网知识服务新生态；同时通过在出版物上建立读者入口，为纸书（刊）配套多元化的数字资源，以交互的方式充分挖掘并满足读者用户精细化的深层次阅读需求。读者可以一边阅读纸书，一边在移动端获取基于纸书（刊）持续性的衍生内容服务，开启互联网时代的互动式阅读体验，以此拥有了一切线上消费的功能，实现了由纸媒书（刊）到移动屏端、由线下到线上的平台式密集型知识服务。

三、平台化横向密集型出版的知识服务模式

出版融合的灵魂是出版主体的平台化思维。针对出版业，平台化的本质就是使产业链条由"纵向"变成"横向"，将传统出版中从作者到编辑，再到出版物印刷、发行，直至读者这种"纵向"的出版流程，转变为将作者、编辑、内容、发行、读者用户等出版要素和资源汇聚到同一线上平台，进而建立起一种交互协同生产的出版机制，平台化思维是出版融合的灵魂。现代传媒技术驱动下的数字网络平台是一个多元化交互叠加的复杂系统。

媒体矩阵的全方位发力，为出版业的知识服务提供了不仅是线上与线下的交融，而且还是"平台+两微一端"（微博、微信与 App 的统称）等全程媒体、全息媒体、全员媒体和全效媒体的整合，就此保障了密集型"出版"的质量和效益。如上述的 RAYS 就是这样一个将编辑、出版、作者、运营及读者库等要素资源加以聚合的平台化系统。

知识服务的实体是出版服务"工具箱"式建制。知识服务的线上策略着力于服务的功能性建制，为现代纸书提供 RAYS 系统服务的武汉理工数字传播工程有限公司称为"工具箱"，不仅包括 RAYS 5.0，还包括 300 多个 App 和众多微信公众号，以建构作者、编辑、读者的交互关系，打造基于用户数据分析的个性化定向投送平台，完成精准内容推送与消费互动的定制化知识服务，进而形成线上与线下（O2O）交互的内容出版新模式。"工具箱"不仅整合了作者、编辑和出版社的知识资源，还与喜马拉雅 FM、懒人听书、国内音乐版权商业发行平台（V. Fine Music）等互联网知识服务品牌深入联动，勾连起编辑、读者与线上数字资源、服务和各类知识产品，实现"书找资源"和"资源找书"的精准对接，同时帮助编辑制作更优质的现代纸书。

高质量的服务需要知识服务模式的多形态化。出版包括知识服务，但并不等于知识服务。服务是一个有质量表征、直接满足用户需求的范畴，具有按需提供个性化服务、提供定制化产品等高规格的定位。知识浩瀚、读者多元、网态纷杂、需求各异，所谓平台化横向密集型的知识服务模式，需要以各种具体形态的应需方式有效达成，这需要出版机构——现代纸书的运营商们潜心虔诚，通过社会和读者用户的心理分析，以及大数据等客观依据，对象化地设计不同的应答产品形态，不断地完善知识服务。例如，吉林教育出版社出版的现代纸书《优干线 周周卷》，纸媒是一本初中数学试卷册，基于 RAYS 平台设置了【家长交流群】、【微课】初中数学·有理数、【微课】初中数学·整式、【微课】初中数学·一元一次方程、【微课】初中数学·几何图形、【七年级数学·PDF 复习资料包】等多个细分产品形态，即使是作为【微课】一种产品形态，都设置了不同对象的不同层次和不同阶段的知识内容，服务至深至密。再如，广东人民出版社出版的《英雄赞歌》系列，《英雄赞歌：少年诵读版》是一本正能量的少儿读物，通过诗词、文章、歌曲等体裁来赞美英雄、纪念英雄，弘扬社会主义核心价观，并邀请著名的播音员、主持人、导演、演员等专业朗诵艺术家和朗诵奖选手组建音频创作组，为每一个篇章进行朗诵，使小读者不仅能阅读到文字之美，更能通过声音感受气势、强化体验。现代纸书的运营者基于 RAYS 平台为读者用户设置了【有奖打卡】，为鼓励坚持学习，持续打卡，配以神秘礼品；【名家朗诵音频】是名家演绎诵读作品，使读者用户零距离欣赏学习；【读者交流群】即与同区域的诵读爱好者交流与分享。这些都是为细分读者用户提供的对象化产品，在平台化密集型提供知识的模式下，多元多形态地进一步支持传统纸书的出版融合转型，实现现代纸书按需出版、定制化出版等高规格的知识服务。

四、出版融合载体的网生性赋能需要出版者的自律和监管

媒体融合赋予了出版传媒的网生性。"网生性"是指互联网（含移动互联网）与生俱来的属性，是互联网自带的基因，是互联网思维、互联网方法及互联网运营等一切互联网生存方式。网生性带来的功效集中在：第一，"5+2"全年每周每日、"白+黑"全天候跨越时间维度的"分分钟"传播；第二，随时、随地、随机将碎片化时间充分利用起来并发生整合效果的可移动性传播；第三，承载全媒介符号系统，满足受众动态影像需求的全符号传播；第四，具有交互联动性社交媒体的平台性传播；第五，自动记录和生成全息数据系统的大数据传播。

媒体融合已经使传统的出版机构超越于纸媒书、报、刊之上而占位用户网络终端，以数字报、现代纸书、电子期刊等产品形态发挥网生性优势。因此，互联网原生态的"双刃剑"效应必然折射到出版融合的各种载体中，一方面，加强对出版内容的把关性变得更加必要；另一方面，也增加了现代出版产品知识服务监管的难度。

"网生性"需要现代出版者具有强烈的自觉与自律意识。出版融合语境下的现代出版要求现代编辑具有强烈的自觉意识：坚守出版的初心，重识出版的本质属性，深谙出版的思想启蒙、文明播种和文化传承之责任。首先，政治嗅觉敏锐，坚守正能量传播的"把关人"职责；其次，现代纸书平台上具有融媒体工具应用、洞察用户知识需求的能力。作为知识源，语

义网络的延伸、知识图谱的创建、深度学习的拓展等都需要知识逻辑或资讯内容的勾连，如何掌控有可能的无限链接，都需要现代编辑的自觉意识和自律修养。

"四全媒体"中的知识服务呼唤政策与法治监管体系。媒体融合赋予出版传媒的网生性功能需要有效的政策与法治监管体系相匹配，这是坚持知识服务的政策与文化正能量导向的科学保障。习近平总书记对主流媒体提出了建设全程媒体、全息媒体、全员媒体和全效媒体的"四全媒体"目标。我国出版机构作为专业知识服务的主流媒体，要在充分运用现代传媒技术的同时，在政策导向和用户需求的市场环境中，依靠国家法律法规的有序监管，进一步健全责任归属和法治体系。

五、结语

我国政府关于出版融合产业升级政策的强力推动、当代传媒科技的驱动和读者用户的需求拉动，合力开拓了出版融合转型的可行性路径。服务是一个针对性强且需要质量标准的范畴。知识服务生长在拥有历时性文化资源的传统出版社天经地义。传统纸书与现代纸书即"出版根基+网生性"之间具有迭代关系。现代纸书既作为出版融合的载具，又是知识服务的实体。出版融合将产业链从纵向拉成了横向，构建起作者、编辑、读者用户等出版主体的平行交互和协同机制，使出版融合呈现出平台式密集型的知识服务模式，以及以服务质量为目标的多形态出版方式。媒体融合赋予了出版传媒的网生性，"四全媒体"中的知识服务更亟待政策与法治体系的有效监管。

参考文献

[1]白立华,刘永坚,施其明.基于RAYS系统的"现代纸书"出版运营模式探析[J].中国传媒科技,2017(11).

[2]贺子岳,孙治鑫.基于融合出版流程的出版社组织创新研究[J].出版科学,2019(2).

[3]刘宏.互联网下半场,出版社如何借力社群营销？[J]. 出版广角, 2017（8）.

学术期刊开展知识付费的机遇、困境与策略*

姚惟怡　张　聪

摘　要：本文基于创新扩散理论框架，结合典型案例，通过文献分析法、调查法、访谈法等分析学术期刊开展知识付费的产品形态和风险困境。学术期刊具备开展知识付费的全产业链要素，但在版权、人员、体制、技术等方面还存在诸多限制。学术期刊开展知识付费尚处于起步阶段，未来可以通过搭建付费场景、树立行业规范、打造知识俱乐部等形式推进开展知识付费实践的创新发展。

关键词：学术期刊；知识付费；产品形态

在大数据、人工智能时代，学术期刊出版转型的终极方向是知识服务[1]。近年来，国际一流学术期刊纷纷探索向知识服务转型，提供以差异化、竞争性内容资源为基础的个性化知识服务。由于体制、技术及人员等限制，我国学术期刊在提供知识服务特别是在移动媒体平台上开展知识付费实践尚未成熟。在得到、喜马拉雅等知识付费平台上未见学术期刊社开设的机构账号，学术期刊社也尚未产生"网红"级别的知识付费产品。

美国著名传播学者罗杰斯的创新与扩散理论提出，一个创新扩散过程至少包含五个环节：知晓、劝服、决定、实施、确定。知识付费从2016年开始萌芽，已经经历了创新与扩散的五个环节。2018年年底，我国知识付费用户已达2.92亿，比2017年增长155.32%[2]。众多新闻媒体、教育机构、出版机构纷纷介入知识付费领域，抢夺知识经济蛋糕。按照创新的五

---

*本文系国家社科基金社科学术团体主题学术活动"互联网信息传播平台内容质量审核把关策略研究"（批准号：20STA034）的成果。

本文发表于《出版发行研究》2020年第3期。

个类型——创新者、早期采用者、早期追随者、后期追随者、滞后者来看，期刊社应被划分为"后期追随者"甚至是"滞后者"。

本研究基于创新与扩散理论视角，研究学术期刊社开展知识付费实践的机遇、困境和策略，旨在为学术期刊社在知识服务转型中找到方向和特有模式，克服体制、技术带来的制约，让"滞后者"成为"创新者"，同时也为创新与扩散理论研究提供新视角。

目前，关于学术期刊开展知识付费的研究成果较少，多是从开展知识服务的视角展开。知识付费是知识服务，但知识服务不仅仅是知识付费。有学者提出学术期刊开展知识服务需要建立"采集—编辑—发布""订阅—接收—检索""共享—出版—传播"的全生态一站式的服务型模式[3]，还要围绕期刊加强网络平台建设、学术期刊采编系统平台建设[4]，加强产品与服务之间相互融合的趋势[5]。但知识付费是一种更加复杂的知识服务模式，它不仅需要期刊社内部做好服务主体建设，更需要和外部的市场化知识付费平台紧密结合，形成一个新的服务系统。在创新扩散的过程中，人际渠道和本地渠道在劝服阶段更为有力。虽然学术期刊可以利用数字化渠道实施增值服务的路径[6]，利用文献服务和平台建设开展知识服务[7]，但是对于开展知识付费来说，更需要期刊社利用期刊编辑自身的资源和关系，利用本地渠道优势来开展更为个性化、多元化的知识服务[8]。

而在对知识付费实践的研究中，也鲜见针对学术期刊的研究，大多针对出版社等媒体机构展开。有学者提出出版社可以通过以用户体验为导向、以专业内容为特色、以信息技术为保障、以行业资源为依托来实现知识服务的转型[9]；新闻媒体则可以通过内容消费，积极拓展"知识付费+电商模式"[10]。而学术期刊社在体制、内容和盈利模式上和出版社、新闻媒体等有诸多不同，这就需要我们从学术期刊社的自身特点出发，在创新扩散过程中找到属于自己的模式。

此外，前人往往通过分析国际学术期刊和国际出版机构开展知识服务实践的分析，从而得出适合我国学术期刊开展知识付费的启示。但是，知识付费是中国本土特有的一个现象和概念，中国的移动互联网发展环境和用户的付费习惯等和国外有很大差别，将国外的经验复制到国内是不可行的。所以，我们也需要探索适合中国国情的学术期刊开展知识服务的发展提升路径。

可见，面对知识经济发展的机遇，学术期刊社可以通过开展知识付费，提供差异化、个性化、稀缺性及跨界的知识产品，塑造更有价值的知识付费平台，从而在知识服务发展中形成知识交流、知识组织的经验和能力[11]，成为真正的"创新者"。

一、学术期刊开展知识付费的优势

1. 学术期刊具备知识付费的全产业链体系要素

知识付费的产业链包括作者、粉丝群、出版教育行业、技术或服务平台、传统电商平台、第三方支付机构等，是一个复杂的系统。其核心是平台、作者和用户及其三者之间的关系。从学术期刊的出版属性来看，学术期刊是一个内容传播平台，是作者的集聚地，也是用户（粉丝群）的集聚地，已经具备形成完整知识付费产业链的关键要素。同时，学术期刊也具有科学传播与教育属性。此外，学术期刊在数字化发展过程中，基本上也建立了采、编、审、发一体化的数字流程，利用自建平台或者第三方平台形成了多终端的传播矩阵，这使得学术期刊可以利用自身资源完成一个知识付费活动的闭环。作者可以成为内容生产者，学术期刊编辑可以成为平台提供方和专业客服及社群运营人员；而读者就是用户，同时也是粉丝群的组成部分。期刊的投审稿系统可以为知识服务的付费和升级提供技术支持，期刊的微信、微博可以扩大内容生产传播营销的渠道。期刊还可以开设淘宝店和微店来进行纸刊与相关服务产品的售卖。

例如，"中科期刊"就是一个第三方学术期刊电商平台。"中科期刊"作为科学出版社的子公司，并作为"国家科技期刊出版基地"的运营主体，自2010年成立起专门从事科技期刊编辑出版、经营管理、数字出版等业务。其以出版发行养生科学、中国水产科学等学科领域的学术期刊为主。基于此定位，目前"中科期刊"主要是通过开设淘宝企业店铺的形式来进行知识付费实践。"中科期刊"企业店铺页面显示，其用户粉丝数2900余人，其中心理学科类学术期刊月销量可达上百册。

此外，学术期刊还可以探索将线上知识服务的虚拟产品与期刊实体产品相结合，通过知识付费实践促进纸刊销售，打造内容电商模式。所以，学术期刊已经具备开展知识付费的产业链体系，且逻辑合理，要素齐备。

2. 学术期刊具备多种类型的知识付费产品和服务模式

目前的知识付费平台分为多种类型，如内容打赏类（微信公众号、B站等）、社区直播类（小鹅通、CCtalk、荔枝微课等）、讲堂课程类（腾讯课堂、网易云课堂等）、线下约见类（在行等）、付费文档类（百度文库等）。学术期刊在开展知识服务的过程中，已经大致涵盖了以上各种类型的知识付费平台的服务内容。

例如，我们可以将期刊微信公众号上提供的优质论文内容发展为"内容打赏类"服务；可以将期刊编辑和外审专家的审稿意见发展为"付费文档类"服务；可以将作者向期刊社的投稿咨询发展为"约见类"知识服务；可以将期刊社的征稿信息和用稿要求发展为"社区直播类""讲堂课程类"服务。而且，我们可以将期刊社发展理事单位看作提供会员服务；将期刊编辑与作者、作者与审稿人之间的交流看作问答类服务；将期刊向作者收取版面费看作付费文档服务。

因此，学术期刊目前提供的知识服务和产品与知识付费平台提供的各种服务和产品高度相似或重合。

在国外，学术期刊还通过数据仓储、文本挖掘、语义出版、数据关联、开放共享等方面进行付费试验[12]。例如，爱思唯尔与Net ESolutions公司共同开发新的科研评估工具；施普林格集团开发了科研社交软件及语义词表共享等新型服务；泰勒·弗朗西斯集团开发了Readspeaker服务，可以为论文提供音频版，有15种语言可供选择；威立集团在教育服务、企业咨询和专业评估方面获得了增长等[13]。

虽然国内学术期刊与国外出版集团相比体量较小，但是随着开放科学和期刊出版集团化的发展，在未来也会出现更多的知识服务模式和付费模式。

3. 学术期刊具备庞大的优质作者和用户资源

学术知识服务领域的用户主要是高级知识分子群体，该群体付费能力强、信誉好、主动付费意愿高，部分用户还可依托一定程度的科研经费支持进行知识付费。而且学术期刊是卖方市场，目前优质学术期刊的发表能力和数量远远不能满足快速增长的用户需求。

更重要的是，学术期刊的读者、作者是同一批群体，讲师（专家）和用户（粉丝）处于同一个圈层且高度重合。这是一般的知识服务商所不具备的一个天然优势。这有利于学术期刊迅速找到优质的内容生产者、优质的服务购买者及天然的购买渠道和营销渠道，且用户获取和社群维护所需的成本极低。

除了个人用户付费，学术期刊还有稳定庞大的机构付费用户，如大学图书馆和研究机构。在学术知识服务场域中，大学图书馆一般通过购买各类期刊数据库来为用户提供服务。随着开放科学的发展，很多期刊的论文成果数据可以直接在网络上开放获取，学术期刊可以通过做好深度的知识服务，为机构用户提供知识服务。期刊社可以对各大图书馆通过开设讲座、课程等形式开展知识付费，进一步扩大知识付费的用户群体。

二、学术期刊开展知识付费的产品形态分析

1. 付费问答类产品

学术期刊社可以将选稿方向、选稿要求、选题策划、审稿流程、审稿意见等信息制作成音频、视频及付费文档，在期刊的微信公众号、网站或第三方平台进行售卖。用户通过期刊社设置的界面，购买这些"内部"信息产品，可以极大地提高投稿和发表的效率，获得更多的学术经验。例如，由人大数媒开发的"学界"小程序中，开设了针对各学术期刊投稿的一对一咨询问答服务，服务提供主体包括《探索与争鸣》《教育观察》等众多学术期刊的专业编辑。期刊社可以利用"学界"这样的第三方学术问答类知识付费平台，将以往不透明的审稿和投稿咨询交流服务，转化为知识付费问答类产品。

2. 语音介绍类产品

期刊社可以组织作者、审稿人或者期刊编辑对于发表论文中的科研学术内容进行深度解读，制作成类似于"罗辑思维"的一分钟语音和得到App中的"每天听本书"的语音类产品。对一篇高质量论文的学术价值及对论文中用到的研究方法和研究过程的解析复盘，本身就具有较高的市场价值。科研人员可以通过这样的语音类产品了解最新的学术资讯和最好的

研究经验，具有很高的市场价值。目前，由国家新闻出版署出版融合发展（武汉）重点实验室发起的"OSID开放科学计划"，已经有1000余家期刊社加入。期刊社可以利用"OSID"提供的工具包让作者录制并上传关于论文的一段解读语音，增强论文的可读性。同时，期刊社也可以利用这些优质语音内容为进一步开发语音付费产品打好基础。

3. 专业课程类产品

学术期刊社的论文内容本身就具备直接成为知识付费产品的条件。例如，经济学类的学术期刊可以组织作者把最新的经济发展趋势、经济现象解读做成课程售卖；管理学类的学术期刊可以打造"如何做好企业管理""创业者需要注意哪些问题"等网红课程；新闻传播学类期刊可以打造"新媒体写作秘诀""公关文案写作"等专业课程；畜牧养殖类期刊可以将最新的畜牧养殖知识做成视频课程售卖。在腾讯课堂平台，一门"养猪"专业课程的收益可以达到上百万元。此外，学术期刊社还可以组织作者在线上开展学术研讨会、学术辅导等知识服务，通过用户打赏、课程付费获得收益。

三、学术期刊开展知识付费的实证分析

中国知网发布的"CNKI导报——中国知网全球机构用户分布"显示：目前，中国知网用户覆盖全球56个国家和地区的3.3万家机构，个人读者2亿人，日访问量1600万人次，全文年下载量23.3亿篇，中国机构用户数量达3.2万家[14]。中国知网机构用户数量庞大，且覆盖全国各行各类组织机构与重要领域。

2020年，中国知网研究型协同学习平台——知网研学（ECSP）平台，开始在其客户端（知网研学）开设"直播课"板块，并开办"知网在线教学"网站，以"学术大讲堂"的形式联合包括学术期刊社、高等院校、企业协会等多家单位，面向医学、教育学、经济学、文学、法学等多个学科开展系列讲座，以此新形式开始其开展知识服务与知识付费的实践活动。在此知识付费实践的过程中，知网研学客户端与网页为服务平台，学术期刊为主要参与主体及内容生产者。

研究发现，知网研学平台联合学术期刊开展公益类的知识服务实践居

多，达166项；知识付费的实践尚处初始、尝试阶段，仅13项。其中，《管理世界》学术期刊自2020年4月最先开始在"知网在线教学"网站的"学术大讲堂"板块"付费专区"开设系列讲堂，包括"《管理世界》如何做案例研究""如何利用微观数据资源做学术研究""大数据定量方法及应用""如何用大数据做学术研究""《管理世界》作者学术研究与论文写作经验分享"共5期28讲在内的付费课程。因《管理世界》学术期刊所开展的知识付费实践最为典型，故以此作为案例，进行学术期刊开展知识付费的优势、效益及所存在问题的实证分析。

1. 从内容生产者的组成看学术期刊优质的作者资源

为了更加直观地表现学术期刊开展知识付费具备庞大的优质作者资源的优势，在此以《管理世界》学术期刊知识付费实践的内容生产者身份组成来进行例证（表1）。研究发现，《管理世界》学术期刊在知网研学平台开设的5期付费课程中，作为内容生产者的主讲人身份均具备以下几点特质：一是主讲人身份同课程主题紧密相关，如针对第3期的讲堂主题"在大数据时代，面对不同来源、不同维度、不同体量的大数据，我们可以借助的定量研究方法有哪些？该如何看待、分析和处理大数据，才能在混沌中发现秩序？"该期刊邀请6位大数据定量研究领域的知名专家作为主讲人，与用户（粉丝）分享大数据定量研究的常用方法和前沿技术，以及他们亲身参与的大数据研究项目实际案例，效果更直观、更具针对性地解答用户的问题。二是主讲人身份为该期刊优质的作者资源，一方面优秀论文作者可向用户充分分享其学术研究和论文写作的经验与做法；另一方面优秀的作者资源从更加宏观的角度对本学科领域的知识进行解读答疑，拓宽了用户的知识面，满足了用户更高层次的需求。

表1 《管理世界》知识付费实践的内容生产者身份组成

讲堂主题	主讲人身份
《管理世界》如何做案例研究	本刊优秀论文作者
如何利用微观数据资源做学术研究	本刊优秀论文作者
大数据定量方法及应用	大数据定量研究领域的知名专家（院士、参事、各研究中心负责人等）

续表

讲堂主题	主讲人身份
如何用大数据做学术研究	本刊大数据主题优秀论文作者
《管理世界》作者学术研究与论文写作经验分享	本研究领域的知名专家（长江学者、国家重大项目首席专家等）

2. 从用户付费意愿看学术期刊开展知识付费的效益

为了更加直观地呈现学术期刊开展知识付费可获得的用户付费意愿与效益，在此以《管理世界》学术期刊知识付费实践的用户购买量与经济效益情况来进行例证（表2）。研究发现，该期刊在知网研学平台开设的5期付费课程中，用户总购买量达16300余人次，且基于其每期课程245~340元不等的付费设置，用户的总购买量还能达到这样的数量，可见该期刊所提供的知识服务对于用户来讲具有一定程度的实用性与应用性，用户付费意愿高，并且该期刊在开展知识付费实践的过程中获得了一定的经济效益。

表2 《管理世界》知识付费实践的用户购买量与效益

讲堂主题	价格设置（讲次×单价）/元	用户购买量/人次
《管理世界》如何做案例研究	294（6×49）	6196
如何利用微观数据资源做学术研究	294（6×49）	5141
大数据定量方法及应用	294（6×49）	3356
如何用大数据做学术研究	245（5×49）	932
《管理世界》作者学术研究与论文写作经验分享	340（5×68）	678

3. 从用户评价反馈看学术期刊开展知识付费的不足

上文提到，知网研学联合学术期刊社等单位开展知识付费实践，主要是通过其客户端（知网研学）与"知网在线教学"网站两个平台。但根据目前两个平台中用户的评价与反馈情况来看，学术期刊开展知识付费急需解决技术方面的问题与限制。

一是从用户对客户端（知网研学）的反馈情况来看，评价中"打不开"

"一直闪退""无法加载"等作为"差评"关键词多次出现,笔者也曾尝试用客户端(知网研学)观看论文写作的直播课程,但一直显示"播放失败";且页面不够细分,多学科领域的课程都混杂在一起,不便于用户的使用。二是从用户对"知网在线教学"网站的反馈情况来看,相对于 App 的评价要好一些,网站中可正常播放视频,且各课程类型分类明晰,便于用户直观地查找自身需要的内容,但与 App 可回看之前直播时用户的留言相比,网页版的功能也存在一定的缺失。

四、学术期刊开展知识付费面临的困境

虽然学术期刊开展知识付费具备天然的优势和良好的发展机遇,但结合上述对于学术期刊开展知识付费的实证分析来看,学术期刊开展知识付费还面临诸多问题和挑战。笔者调研了一些希望开展知识付费的学术期刊社,发现普遍存在以下几个方面的问题。

1. 版权归属和盗版风险

期刊社在开展知识付费时,首先遇到的就是版权归属问题。作者发表的论文版权,从著作权上看是归期刊社所有,期刊社有权将论文内容进行加工、售卖及传播。但是由此引申的知识付费产品又该如何确定版权归属?例如,学术期刊将作者的论文进行重新解读,做成音频产品,放入其他平台提供服务并获得收益前是否需要获得作者的许可?收益又该如何分配?学术期刊邀请作者开课,在其他平台上获得的收益又如何分配?这些问题目前都没有行业规范指导,很多问题都有待进一步明晰。

知识付费平台的课程和内容很容易被盗版。目前,在某平台可以搜索到很多专门贩卖得到、喜马拉雅盗版课程的商家,在某网站上也随处可见各平台的某些课程,这类不法行为呈现出明显的重复性和高发性[15]。所以,盗版风险是需要提前考虑和关注的问题。

2. 人员不足和身份顾虑

学术期刊开展知识付费的关键在于人才。对于期刊编辑来说,开展知识付费业务是全新的挑战,需要进行相关业务培训并积累行业经验。目前

大部分的学术期刊编辑是传统的文字型编辑，对新媒体运营了解较少，对于知识付费的了解更为不足，开展业务的经验和基础较薄弱。很多学术期刊编辑部只有寥寥数人，在承担庞杂的编辑事务工作之余，很难分出多余的精力来进行知识付费实践。通过之前学者对于学术期刊开设公众号、微博、短视频等研究可发现，学术期刊在新媒体运营方面人员匮乏是难以开展新媒体运营的主要原因。而开展知识付费不仅需要新媒体平台运营的相关经验，还需要在社群运营、在线课程建设等方面有丰富的行业经验。

学术期刊的作者一般是高校或者科研机构的研究人员，虽然他们是天然的知识服务提供者，有丰富的讲课经验和内容资源，但是对于知识付费，很多作者会有身份顾虑。很多学者不愿意在网络上以公开的身份来提供知识服务，一是担心不符合单位或者学校的规定；二是担心会对自己的学术声誉造成影响，所以愿意参与知识付费实践的作者数量非常有限。而对于刚刚开始做知识付费的期刊社来说，受众群还较小，做一次课程或者直播没有太多用户购买观看，也会降低作者来期刊社提供知识服务的意愿。现在已经较为成熟的模式是出版社邀请作者来开展讲座，顺便卖书和宣传自己的学术成果。但是期刊社缺少对于作者的吸引力，特别是对于一些不是核心期刊的学术期刊来说，想邀请地位较高的学者来授课就更加困难。

3. 体制制约和机制僵化

知识付费行业是一个分工细化的市场化行业。而目前我国大部分学术期刊都是事业单位，其主管、主办部门大都是政府部门、科研机构、高校[16]，只有很少一部分学术期刊完成了转企改制，有足够空间进行市场化运营。作为事业单位的学术期刊在财务、行政、运营管理等方面具有诸多限制与不便。例如，期刊社在第三方平台开展了知识服务，购买者需要期刊社开具购买票据，但发票可能会由期刊社的主管、主办单位来开具，甚至无法开具发票。此外，体制的问题也导致学术期刊存在创新意识不足、市场意识薄弱、运营经验较少等问题，很难像专业的知识付费提供商那样提供优质持久的知识服务。

4. 技术制约和资金不足

目前，我国有相当一部分学术期刊利用互联网、微信公众号平台、音视频平台、网络课程平台、开放科学平台等向读者提供知识服务，但在该环节，学术期刊目前还不能够充分满足用户的个性化需求。有的学术类公众号虽然提供了较多选题方向，但仍然不够完善。

此外，我国的学术期刊大部分体量较小，经济基础弱，经济效益不显著[17]，很难独自搭建知识付费平台开展知识服务。很多期刊社虽然可以依托自身的微信公众号、期刊网站等来提供知识服务，却很难实现知识付费平台的一些功能，如课程直播、付费问答、社群运营等。虽然也有类似"小鹅通"这样的可以为自媒体机构提供知识付费的软件平台，但是很少有期刊社愿意每年投资几万元去打造和运营。如果仅依托第三方平台开设课程，又会受到平台分成、平台审核等因素的制约，可能会影响用户体验，难以可持续发展。

5. 稿件寻租和监管风险

目前，学术评价体系的僵化与论文供给不足进一步激化了作者对学术期刊的"寻租"行为[18]。而学术期刊在开展知识付费的过程中，很可能会为这种"寻租"行为提供合法化的条件。如果监管不力，很多学术期刊编辑可能会将一些论文发表机会作为知识付费产品售卖，这对于那些未能付费的作者是一种变相的不公平。由此也可能会扰乱学术风气，影响期刊的质量与声誉，扰乱整个学术期刊知识付费市场秩序。而对于此类行为的监管是比较困难的。学术知识服务和寻租行为之间的边界怎么划定？哪些部门又应为此负责和进行监督？这些都是尚需进一步探讨的问题。

五、学术期刊开展知识付费的策略分析

当下，学术期刊正积极探索通过微信公众号、微博、付费问答、在线课程等渠道或形式来开展知识服务。但是就目前的情况而言，这些尝试还仅仅处于起步阶段，不够深入。学术期刊如果想要继续开展知识付费，可以从以下几个方面进行拓展。

1. 搭建知识付费的场景和入口

学术期刊在融合出版转型中，已经发展了期刊网站、期刊 App、期刊微信公众号、期刊微博等多种形态，由此也搭建了各种形式的阅读场景。用户可以通过纸质刊物、PC 端、移动端等多场景和入口来阅读论文，获取学术知识。所以，学术期刊在开展知识付费时应更多地考虑如何切入阅读场景，搭建付费入口。例如，《电讯技术》杂志就曾尝试通过在纸刊上印二维码，引导用户扫码付费购买"会员服务"的方式，获得了 5000 多元的收益。这个二维码由国家新闻出版署出版融合发展（武汉）重点实验室开发的 RAYS 系统提供，用户扫码后可以跳转到一个微信公众号界面，上面有"电讯技术的会员""付费问答"等购买入口。《电讯技术》事先并没有做任何宣传和解释，由此可见期刊用户对于知识付费的主动性。二维码场景不仅可以在纸质刊物上搭建，还可以运用到 PDF 版的单篇论文、期刊网站、期刊微信公众号等平台上，进行更多的场景触发，从而通过场景入口搭建知识付费的内容和框架，引导用户进行知识付费。

2. 打造网红编辑作者，树立行业规范准则

庄庸认为，在"互联网+"时代，编辑越来越需要回归到一种非常传统的"人际网络"中去——在跟不同的人相遇之中，去挖掘那些人际传播中的思想、选题和信息[19]。而在创新扩散理论中，在新媒体时代意见领袖的作用机制不再如传统媒体时代那样单一、自愿，很多领域的意见领袖往往会与创新的推广方建立商业合作关系，推广模式商业化的同时伴随着可信赖性的下降，受众在此种背景下往往会更倾向于信任同样作为普通人的用户。所以，创新的扩散过程在新媒体环境下呈现出中期采用率更高、增长更快的趋势。

学术期刊也可以打造擅长知识付费的"网红编辑"和"网红作者"，鼓励学术期刊编辑和作者利用自身优势，从幕后走向台前，开展各式各样的知识服务。

与此同时，期刊社应在期刊协会等社会组织的管理和指引下，注重树立行业规范准则，加强对于论文寻租行为的监管。加强对于期刊编辑的行业培训，对发现有稿件寻租行为的编辑要加大惩罚力度，提高寻租成本。

3. 提供多渠道、多形式、多功能的知识付费内容

学术期刊作为"被需求"方，应该利用自身优质的论文资源，在当前的大环境下实现可持续发展。对存量资源进行开发并形成有竞争性的资源数据库也是学术期刊知识服务内容资源开发的主要方向之一，以建设面向行业、面向学科领域、面向个性化需求的知识服务产品。当前大数据技术的发展也在加速这一进程。但学术期刊拥有的优质资源不仅有学术论文，更有深耕某一学术领域的编辑及其个人资源。编辑对存量资源与增量资源的开发利用可从以下角度开展：一是开展科普类、学科专业类、方法类、技巧类的内容服务，如针对青少年的科普类内容，针对青年研究者的研究方法、项目申报、论文写作技巧等专业知识内容服务。二是以更为直观和丰富的呈现形式满足不同用户的场景需求，如学术期刊可以与知识付费第三方（小鹅通、荔枝微课等知识付费平台）合作，开设直播课程；医学类杂志可以开设小儿外科专栏、反击伪科学专栏等为读者答疑解惑。三是凭借学术期刊强大的编辑资源、平台资源等帮助作者提升内容传播能力。一方面，作者想要在学术期刊上发表论文或提升自身对专业知识的掌握程度，需要对学术期刊的性质、研究方向、论文风格及格式要求等进行全方位的学习与了解，在这一过程中，作者作为知识付费用户需要实现自身的需求；另一方面，资深作者又可以为学术期刊提供学术成果及其相关内容，其成果不仅成为学术期刊知识付费内容资源的重要组成部分，作者本人又可依托期刊的平台资源成为知识服务提供者。

4. 为创新者赋能，打造知识俱乐部

罗杰斯在创新扩散理论中提出创新应具有相对优越性、较好的兼容性、可接受的复杂性、可试验性、可观察性等特征，但是塔尔德的模仿理论告诉我们，人们选择模仿一个新事物，往往并不会因为其与外部环境相适应，而是为了其表征的社会地位与权力。学术期刊虽然在技术上并不占优势，但是一旦进行知识付费实践，将会给读者及作者以拥有更高的社会权力资本的错觉，而这种社会地位的赋予将会赋予学术类知识付费产品更高的价值和更大的优势。

所以，学术期刊应充分调动编辑、作者和读者三方的主观能动性，应

对自身的内容资源、作者资源、读者资源、编辑资源进行开发整合,给创新者赋能,给用户提供展示自己的机会。

例如,对内容资源可以按照知识付费的产品属性,按照语音类、课程类、问答服务类等进行分层、分类管理;对读者资源进行标签化、社群化管理,按照知识付费领域的说法,就是要建立自己的私域流量;对作者资源要进行分级管理,用项目制鼓励作者对自身学术经验的知识变现,作者对于自身论文传播有较强的动力,而且对于提升期刊的影响因子也会产生积极作用;对编辑资源要进行职能划分,要建立一支懂知识付费,能做好学术明星"经纪人"角色的编辑队伍,将期刊社打造成一个"知识俱乐部",在这个"知识俱乐部"中聚合了大量的作者、读者、审稿专家、编辑[20]。他们将会利用各种方式为期刊社赋能,提升期刊社的办刊质量和论文水平,从而加速创新扩散的过程。

参考文献

[1][9]高培.专业出版社如何实现知识服务转型[J].出版广角,2017(1):39-41,55.

[2]陈燕.知识付费平台发展的制约因素与完善对策[J].编辑之友,2019(3):17-20,33.

[3]周敏,闫佳琦.学术期刊知识服务转型的模式与内容思考[J].科技与出版,2017(8):97-102.

[4]李宁."两个平台"助力科技期刊知识服务[J].编辑学报,2016,28(S1):92-94.

[5]王妍,李冉,陈银洲.开放服务:学术期刊知识服务转型发展的突破路径[J].中国科技期刊研究,2018,29(11):1072-1077.

[6][7]王妍,陈银洲.基于移动应用的学术期刊知识服务模式与策略[J].中国科技期刊研究,2017,28(10):929-935.

[8]胡前进.学术期刊个性化服务平台应用研究[J].中国科技期刊研究,2015,26(4):376-379.

[10]齐震.从品质革命的角度窥探新媒体时代下知识付费模式的发展趋势[J].新闻传播,2019(4):42-43.

[11][12]韩丽,初景利.国际知名出版机构知识服务特征、价值和启示[J].出版发行研究,2018(2):5-10.

[13]陈新兰,顾立平,刘金亚.开放科学背景下出版集团的开放出版政策转型与实践[J].中国科技期刊研究,2020,31(11):1289-1298.

[14]CNKI同方知网.中国知网全球机构用户分布[EB/OL].(2020-01-19)[2020-01-30]. https://m.sohu.com/a/367893366_734862.

[15]姚锋,卢宇.大数据时代学术期刊法律风险规避[J].中国出版,2019(2):60-62.

[16]顾若言,周阿根.新媒体时代学术期刊的困境与对策研究[J].东南传播,2018(12):74-75.

[17]陈晓峰,云昭洁,万贤贤.媒体融合精准知识服务助推学术期刊供给侧改革[J].中国科技期刊研究,2017,28(9):805-809.

[18]张丛.从公共产品视角探析寻租活动对学术期刊运营的影响[J].中国科技期刊研究,2010,21(3):359-362.

[19]庄庸.从"鞭农"到"网红":基于出版社著名品牌打造编辑标签[N].中国出版传媒商报,2016-05-31(3).

[20]初景利,韩丽.学术期刊的学术运营[J].科技与出版,2018(5):13-19.

基于动漫 IP 的数字出版跨媒体模式发展研究[*]

袁 萱

摘　要：跨媒体发展已成为一种新趋势，也正深刻地改变出版业态，对数字出版企业和产业发展有着巨大的意义和价值。文章通过比较分析综合传媒发展模式、跨媒体复制发展模式、跨媒体立体开发模式，发现跨媒体立体开发模式对 IP 内容深耕、数字内容生态、阅读模式有着积极的影响，也是本土化模式发展中最具内生驱动力的模式。跨媒体立体开发模式有助于打造全媒体开发产业链，推动数字出版产业升级，适应融媒体背景下的变革创新。

关键词：数字出版；动漫 IP；跨媒体联动；跨媒体战略；立体开发

一、动漫 IP 的数字出版形态及趋势

面对媒体融合浪潮，动漫 IP 影响力不断增大，越来越多的动漫 IP 内容在不同的媒介中转换成新形态。一方面，动漫 IP 优质的数字内容资源较为容易转化为不同类型的数字出版产品；另一方面，动漫 IP 具有较好的受众基础，促使其成为数字出版产业中有较强发展潜力的部分。2018 年国内数字出版产业整体收入规模为 8330.78 亿元，比上年增长 17.8%。其中，互联网期刊收入达 21.38 亿元，电子书收入达 56 亿元，数字报纸（不含手机报）收入达 8.3 亿元，博客类应用收入达 115.3 亿元，在线音乐收入达 103.5 亿元，网络动漫收入达 180.8 亿元，移动出版（移动阅读、移动音乐、移动游戏等）收入达 2007.4 亿元。可见，数字出版领域中媒介多元，

---

[*] 本文发表于《出版广角》2020 年第 14 期。

具有跨媒体发展的良好基础。动漫板块活跃度较高，具有头部效应的动漫IP经过前期市场探索已培育大量的忠实用户，用户与动漫IP内容保持着较强的黏性，促进了IP内容在数字出版领域的转化。基于动漫IP内容资源的跨媒体发展已经成为数字出版产业发展的热点。

1. 动漫IP与数字出版跨媒体扩张

近年来，中国动漫在艺术创作和产业发展上都保持极大的活力。动画企业数量、动画片年产量迅猛增长，使得中国动画产业规模成为"世界第一"。随着互联网新媒体的快速增长，动漫IP给数字出版带来新机遇和挑战，也给IP内容跨媒体联动提供可能。数字出版业不断寻找与动漫IP优质内容资源结合的契机，以动漫IP版权为核心的现象级项目案例不断涌现。这些案例是数字出版产业通过自主版权或IP授权多元化合作搭建跨媒体运营平台，开发网络文学、网络漫画、网络动画、游戏、有声书等媒体融合的数字内容产品，形成巨大的数字内容生态。以动漫IP为核心的跨媒体出版能够将动漫内容通过不同载体、不同传播渠道分发到多元用户终端，带动手机出版、电子出版、多媒体出版、网络出版。

2. 数字出版形态和受众变化

数字出版生态下，网络出版、电子出版、多媒体出版、游戏出版极大地丰富了产品形态。每一轮形态演变都带来目标群体的扩张，也带来多元化的阅读方式。IP内容在不同媒介上的迁移转化也带来阅读体验场景变化：阅读动漫IP内容不再局限于坐在屏幕前。"人书互动"有声场景、"人机互动"游戏关卡、"吐槽互动"网页社交等体验场景成功地对动漫IP内容进行了二次转化，形成了全新的阅读形式。IP内容从单一形态转向以IP为核心的裂变扩展，形成多元的数字出版产品矩阵：《大耳朵图图》电子有声书、App跑酷游戏，《魁拔》网络漫画，《罗小黑战记》有声书，《狐妖小红娘》网络漫画、网络动画、游戏，《超级飞侠》漫画图书、网络动画等。

二、动漫IP跨媒体模式的本土化开发

通过观察分析国内动漫IP开发实践可以发现，数字出版跨媒体发展呈

数字出版传播与应用

现以下三种模式：综合传媒发展模式、跨媒体复制发展模式、跨媒体立体开发模式。这三种模式对 IP 内容价值扩展、内容裂变、出版模式创新都有着不同的效应，比较来看，跨媒体立体开发模式优势凸显，将成为跨媒体模式本土化开发的主要方向（图1）。

Multi-media Model　　　Cross-media Model　　　Trans-media Model
综合传媒发展模式　　　跨媒体复制发展模式　　　跨媒体立体开发模式

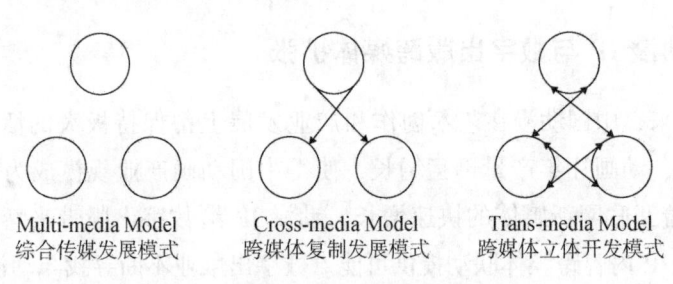

图 1　三种动漫 IP 跨媒体模式比较

1. 综合传媒发展模式——《大耳朵图图》IP 开发案例

动漫 IP 品牌价值凸显，数字出版围绕 IP 内容探索多种出版形式，包括电子书出版、多媒体出版、游戏出版等。这种综合传媒发展模式的优点在于能够发现 IP 内容的多渠道变现价值，进而重视内容衍生品的多媒介转化。如《大耳朵图图》随着移动音频市场发展，通过 IP 授权开发了适合低幼用户的有声书，成为当时 IP 转化的一个亮点（表1）。动画内容以有声阅读方式呈现，很好地迎合用户对内容形式的多样化需求。但这种发展模式的短板也较为明显。以《大耳朵图图》IP 为代表的综合传媒发展模式下的多媒体漫画图书、有声书、App 游戏等数字出版物分别相继发展，不同数字出版产品开发缺少战略布局，各种数字出版物开发分散，时间跨度较大，还处于"边做边试"的试水摸索阶段。数字出版物之间是独立的，从形式来看，多媒体漫画图书、有声书、App 游戏等数字出版产品缺乏联系；从内容策略来看，不同媒介产品并没有进行内容的深度挖掘，而是出版商将 IP 内容在多种出版形式间进行尝试性简单迁移。数字内容产品没有战略关联，没有形成产品链，导致后续盈利能力不强，呈现向跨媒体粗放转型的特点。可见，数字出版机构"试水式"的跨媒体尝试很难将媒体资源、用户、阅读需求等信息整合，难以形成有战略关联的产品链。

158

表1 2004—2019年《大耳朵图图》IP开发

时间	媒体	跨媒体发展特点	特征
2004年	TV动画系列片	依次发展原创IP	IP发源成就较高
2013年	漫画图书		扩展价值空间
2015年	有声书		创新阅读体验
2017年	网络动画系列片		扩展价值空间
2017年	电影		扩展价值空间
2019年	有声书		创新阅读体验
2019年	App跑酷游戏		创新阅读体验

2. 跨媒体复制发展模式——《猪猪侠》IP开发案例

动漫IP不断借鉴美、日、韩等动画产业发达地区的OSMU（One Source Multi Use）模式，进行"一个创意多个用途"战略布局。OSMU能够围绕IP形成各自独立又紧密联系的产品矩阵，实现跨媒体资源共享、关联、互动，相互配合推进，即凯文·莫朗尼跨媒介理念——一个大故事呈现在不同的媒体平台上。国际文化产业机构大部分都采用OSMU模式来设计多重产业链。这种战略模式的优势在于，出版商能够在开发中创新改革，挖掘同一内容在不同媒体中的价值、对阅读体验的拓展，以及对核心IP价值进行横向拓展，形成多重产业链。

韩国动漫《爆笑虫子》《宝露露》等IP通过OSMU模式不断扩充多种媒介中的价值，除动画视频外，用户也可以在飞机上、公交车上、网络流媒体、App游戏上看到同样的内容，多种媒体密集投放，相互关联，窗口效应明显。与美、日、韩等相比，我国OSMU模式开发起步较晚，但也不乏成功案例。如国产动画《猪猪侠》IP借鉴OSMU模式，动画内容为"One Source"，"Multi Use"则是电影、动画、游戏、有声书、AR电子书、App游戏等不同媒介内容产品（表2）。出版商通过IP版权转让发展不同媒介数字出版产品，使得产品链和利益链不断延伸，核心IP价值不断增值。《猪猪侠》动画片上映后获得较高的关注度，动画下线后，观众又能马上看到相关的数字出版产品，可以在不同场景下阅读动画内容。跨媒体多轮开发，互相促进，互为推手，呈现同一内容在不同媒介间相互助推、高度活跃的扩张态势，实现了真正意义上的跨媒体拓展、跨行业合作。

表2 2005—2019年《猪猪侠》IP开发

时间	媒体	跨媒体发展特点	特征
2005年	动画电视和电影	原创IP交错发展	IP发源
2006—2018年	TV和网络动画系列片		成就较高
2012—2015年	舞台剧4部		扩展价值空间
2012—2019年	电影5部		成就较高
2013年	图书		扩展价值空间
2016—2019年	游戏App系列		创新阅读体验
2017—2019年	有声书		创新阅读体验

OSMU对一个核心内容多轮开发的策略，呈现鲜明的内容复制、迁移特征，可以称为跨媒体复制发展模式。OSMU战略突出的是跨媒体形态扩展，而非不同媒体环境下的IP内容深耕，因此，对IP横向开发扩展关注明显大于对纵向内容深度挖掘。随着融媒体深入发展，用户对跨媒体产品需求产生了新的变化，对内容不变、介质变化的跨媒体呈现方式难免产生审美疲劳。IP内容"复制"属性成为跨媒体复制模式发展的瓶颈。

3. 跨媒体立体开发模式——《十万个冷笑话》全媒体联动案例

在互联网推动下，数字出版跨媒体发展活跃，对跨媒体叙事模式（Trans-media Storytelling）、ACGNM+模式的融合借鉴逐步成为国际跨媒体立体开发模式的主流策略。对动漫IP内容进行再重构、媒体扩展、战略联动成为数字出版跨媒体立体开发的创新焦点。代表案例如美国知名IP"漫威"系列，突出呈现跨媒体立体开发战略——一个跨媒体故事通过多样化的媒体平台充分表现，在这一过程中，每一个新的媒体文本都对整个跨媒体故事做出独特而有益的贡献。在这种战略思维指导下，出版商可围绕动漫IP全产业链给用户提供一站式全媒体立体解决方案。跨媒体立体开发模式突出纵向对IP内容深度挖掘和横向全媒体联动，进而实现多产业链联动。我国动漫IP《十万个冷笑话》《魁拔》《星游记》《罗小黑战记》《狐妖小红娘》《侠岚》等不同程度借鉴了这一模式。

代表性案例《十万个冷笑话》IP始于连载网页漫画，在有妖气连载以来引发广泛好评，创下国产原创漫画点击超27亿次的纪录。2010—2012年，

《十万个冷笑话》漫画收获了大量忠诚度较高的粉丝，2012 年，团队开始发展与网络漫画内容有差异的网络动画系列片，拿下超过 27 亿次的动画收视率和平均单集 9000 万次点击量的成绩。2014 年，同名电影进入院线，票房轻松突破 3 亿元大关。同年，舞台剧上映，围绕核心 IP 但故事各不相同，体现了跨媒体叙事"巨大世界观下各不相同的故事纬度"策略。2015 年，手游开发，剧情走向植入漫画中的各种彩蛋和人物风格，上线 24 小时后就进入苹果畅销榜前 15 名。2015 年，重庆火缘步甲获得《十万个冷笑话》授权开发 H5 游戏，随后腾讯音乐娱乐集团"酷我畅听"也将 IP 内容进行有声化开发，拓展长音频的内容供给，App 电子书、有声书等出版形式相继面世（表3）。这些出版产品通过 IP 窗口效应，跨媒介协作横向扩展 IP 形态，使 IP 内容在不同媒介中得到了迅速的裂变和创新扩展。也就是说，同一个 IP 裂变出不同的部分，这样有联系又有差异化的内容可以更好地匹配不同群体细分市场，提供精细化、个性化的数字内容服务。此时，IP 内容已经变成互动娱乐环境下的数字内容载体，创作者与用户（读者）互动尤为明显，都可以在其中分享自己的想法和创意。内容生产商和集成商也可以借助多元化渠道组合进行跨媒体、跨渠道传播。《十万个冷笑话》走出了一条以网络漫画为 IP 中心的 ACGNM+立体跨媒体联动模式的道路（图2）。

表3 2010—2017 年《十万个冷笑话》IP 开发

时间	媒体	跨媒体发展特点	特征
2010 年	网络漫画	先后依次发展网络原创 IP	IP 发源成就较高 创新阅读体验
2012 年	网络动画		成就较高
2014 年	电影 1		成就较高
2014 年	舞台剧		扩展内容价值空间
2015 年	游戏		创新阅读体验
2017 年	电影 2		扩展内容价值空间

数字出版传播与应用

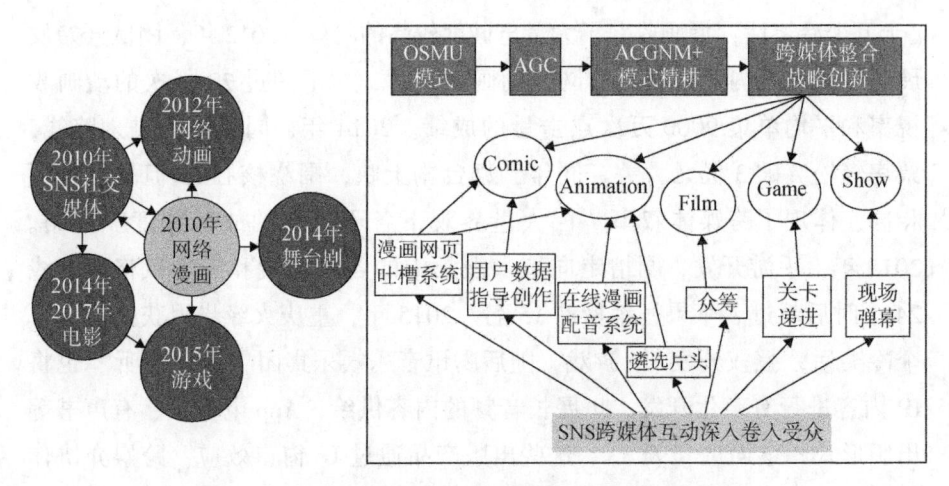

图2 《十万个冷笑话》ACGNM+模式媒体扩张图

跨媒体立体开发模式能够积极开拓动漫 IP，不仅能够建立跨媒体联动优势，还能深耕 IP 内容，实现全产业链发展升级，为基于动漫 IP 的数字出版发展创造更多可能。通过观察国内动漫 IP 的数字出版开发实践可以发现，跨媒体立体开发模式能够实现数字出版产品多窗口助推、全媒体联动、内容深耕，是本土化模式发展中最具内生驱动力的模式，将成为未来发展的主流模式。

跨媒体复制发展模式与跨媒体立体开发模式比较见图3。

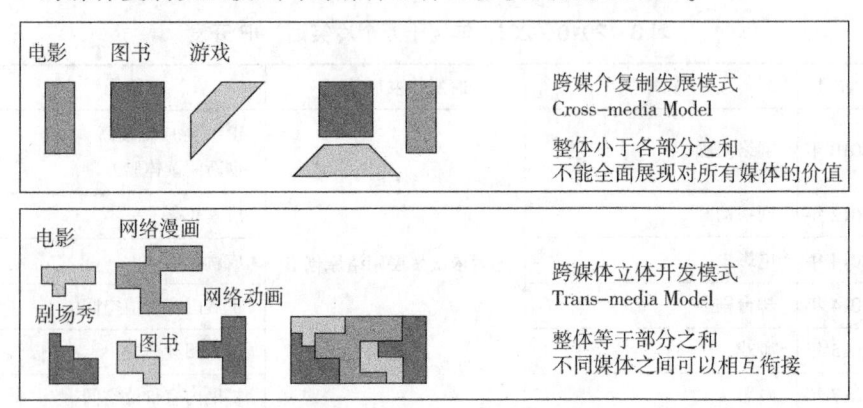

图3 跨媒体复制发展模式与跨媒体立体开发模式比较

三、动漫 IP 跨媒体阅读体验

数字阅读者是数字出版物的核心用户，无论是综合传媒发展模式，还是跨媒体复制发展模式、跨媒体立体开发模式，阅读体验都是数字出版可持续发展的关键因素。融媒体环境下，用户阅读方式产生变化，不再满足于从单一媒介获取内容，而是在移动端或者数字平台上跨屏阅读、碎片化阅读、社交互动阅读，这也推动数字出版深度跨媒体发展。出版商需要分析市场变化，理解用户群体跨媒体阅读习惯和需求，如网络二次元原住民作为动漫 IP 的核心消费群体，逐步形成跨屏互动、跨屏娱乐、跨屏阅读的行为习惯。媒体融合和用户的阅读需求正在双向影响着数字出版的生产、传播等。

1. 碎片化浅阅读

受众在移动新媒体上的速读和碎片化阅读习惯推动了数字出版产品与互联网深度绑定，碎片化的数字出版产品迎合了原有 IP 内容粉丝的多元化阅读需求。《十万个冷笑话》网络漫画用户群倾向于在网页上的碎片化阅读，他们能够在网页快速浏览中获得内容信息。便携的网络漫画可以随时暂停、随时再看，满足了用户在碎片化时间中获得短暂放松和娱乐的需求。《大耳朵图图》有声书尝试提供碎片化浅阅读体验，无疑充分考虑到儿童睡前听书的阅读习惯，并适时将这一阅读习惯转向数字平台。出版商可以用户对内容的熟悉度和黏合性为出发点，将 IP 内容迁移到数字音频平台，并对内容进行新的单元分割，使得用户在外出、睡前等场景中，在没有屏幕、没有画面的场景下，依然可以通过音频体验动漫内容。

2. 跨屏互动阅读

传统动漫 IP 阅读场景局限于看动画，而电子书、有声书、游戏 App 等数字出版物能够提供更多丰富有趣的阅读场景，更新用户的阅读体验。听书、体验游戏等方式也能够吸引用户通过多种媒介对动画 IP 进行重温。《大耳朵图图》《猪猪侠》《十万个冷笑话》等动漫 IP 面向移动端用户开发了 App 跑酷游戏，这也使得原有动画 IP 内容的阅读场景在游戏关卡中扩展，增强了场景的探索性和沉浸式体验。这种跨屏重温既可以是网络漫画、App

163

游戏、电子书、有声书、短视频，也可以是网络文学、博客、网页游戏、H5场景秀，不同数字出版产品的媒介属性引领着用户在不同媒介中感受移动端、PC端多屏幕下的新型阅读体验。跨媒体交互方式、多媒体呈现都对内容进行差异性挖掘，因此，用户可以通过跨屏阅读感受同一IP不同的内容。

3. 社交互动阅读

SNS社交媒体推动了数字出版产品内容组织和发行方式创新。有妖气公司开发在线漫画阅读系统后，又开发在线吐槽系统，通过吐槽系统发展SNS互动，新生代网络用户的吐槽、恶搞、大众狂欢都能够成为内容的一部分。尽管用户处在数字出版产业链的末端，但是用户可以通过互动平台将内容意见反馈到内容生产前端，形成内容源与受众终端紧密互动联系。用户吐槽会成为原有漫画上的内容，变成再阅读的对象，也会成为二次推送的内容。内容作者、用户群体、媒体密切交流互动变成一种独特的阅读模式，给用户带来有趣的沉浸式体验，这种用户引领、作者配合的社交出版模式可谓创新之举。《十万个冷笑话》手游里的"战斗弹幕"把弹幕系统设计在战斗画面中，用户打开页面就可以看到其他玩家的吐槽，用户自己也可以发送吐槽内容。吐槽越猛烈，游戏角色的战斗力就越强，这种具有覆盖密度的实时弹幕大大增加了用户的体验乐趣，体现了数字出版与互联网整合联动下的"娱乐、社交、阅读"立体跨媒体发展。

四、结语

近年来，随着数字出版产业聚焦动漫IP，数字出版产品正在适应融媒体背景下的产业变革。跨媒体发展已成为新趋势，正深刻改变着出版业态，对数字出版企业和产业发展有着巨大的意义和价值。很多人对数字出版跨媒体发展还停留在IP内容复制衍生层面，这是传统版权授权思维的延续，也是对跨媒体复制发展模式、跨媒体立体开发模式认识不足。动漫IP作为优质的内容资源，需要提升数字出版跨媒体发展模式和阅读体验。跨媒体立体开发模式对IP内容深耕、数字内容生态、阅读模式有着积极的影响，是跨媒体模式本土化发展中最具内生驱动力的模式，其有助于打造全平台开发产业链，推动数字出版产业升级。

参考文献

[1] 陈桃珍,沈阔,董娟娟.基于IP化运营的数字化出版营销策略[J].长沙大学学报,2019(6):108-111,125.

[2] 刘铮铮.《十万个冷笑话》的电影网络营销案例分析[J].中国电影市场,2015(6):18-23.

[3] 李盼君.论融合文化中好莱坞电影的跨媒体叙事——詹金斯电影艺术传播思想探析[J].中南大学学报(社会科学版),2016(3):183-189.

[4] 邱静涵.网络二次元IP的发展模式——以二次元系列IP《十万个冷笑话》为例[J].西部广播电视,2018(10):89.

[5] 刘海龙.大众传播理论[M].北京:中国人民大学出版社,2008:284-286.

[6] JENKINS H. Convergence culture:Where old and new media collide[M]. New York:New York University Press,2006:281.

[7] LENT J A, Ying Xu. Chinese animation:A historical and contemporary analysis[J]. Journal of Asian Pacific Communication,2013(1):19-40.

[8] 徐屹然.日本动漫图书的产业化经营战略对我国版权业的启示[J].科技与出版,2009(3):25-27.

提升高校出版社专业类融合教材建设的探讨*

龚兴桂　刘华坤

摘　要：媒体融合时代，传统教材出版已不能满足当前读者的阅读需求，融合教材建设迫在眉睫。高校出版社作为市场上教材出版的主要生产者，担负着重要的社会职责。本文分析融合教材特点及建设必要性，观察高校出版社专业类融合教材的应用情况及建设过程中面临的困境，阐述媒体融合时代下高校出版社专业类融合教材的建设思路，指出高校出版社需要因地制宜，积极探索出一条适合传统教材向数字化教材转型的发展路径方向。

关键词：高校出版社；数字化转型；融合教材

我国高校出版社有112家，作为我国教育出版工作的重要组成部分，高校出版社已然成了我国出版领域中的重要生力军。当前，移动互联网和信息技术的快速发展为我国传统出版社的数字化转型迎来了新的发展机遇。融合教材作为数字化教材的一种新形态，扩宽了教学资源的形态结构，转变了传统的教学模式。在出版融合背景下，大力推进高校出版社传统教材的融合创新，是提升高校出版社整体实力和行业竞争力的必由之路。

一、融合教材特点与建设的必要性

融合教材是以纸质教材为核心，以书网结合为入口，通过二维码实现纸质教材和多形态数字资源充分融合、出版产品与在线服务互补、PC端和手机端适用的新形态教材。融合教材概念由两方面组成：一方面，融合教

＊本文是国家新闻出版署"国家数字复合出版系统工程应用示范"项目（采购编号：1741STC41049）SF31包"应用示范支撑"的成果之一。
本文发表于《北京印刷学院学报》2019年第9期。

材是纸质教材的新形态，完全具备纸质教材的功能和属性；另一方面，融合教材表现形式多样化，产品互动性、兼容性强，是内容与技术相互融合的立体化产品。

1. 融合教材发展特点显著

通过梳理相关文献得出，融合教材的发展是由 CD-ROM 式立体化教材发展而来。2007 年西南科技大学信息工程学院毕效辉、于春梅完成了《自动控制理论》立体化教材的主编，读者阅读该套纸质教材，可配合使用光盘进行点对点的增值内容学习，光盘内容以动画形式呈现，体现出传统纸质教材与数字化技术相结合的思维模式。2015 年，段博原在《媒介融合下高校立体化教材的转型升级》中提到二维码、App 技术应用于传统教材当中，实现了纸质教材与数字资源的媒介融合[1]，从侧面反映出了立体化教材进入扫码阅读阶段。2018 年姚贵平在《融合媒体教材的基本内涵、主要特点与出版策略》中总结了融合媒体教材的流程设计：一要强调对教材内容、学生特点、媒体特点进行分析，以便选用适宜于学生的媒体呈现教材的内容。二要在内容制作上强调数字媒体内容的制作。三要在教材使用上更加强调学习效果检测和内容的及时维护、修订与更新[2]。

通过分析总结，笔者认为当前融合教材的建设正是在立体化教材的基础上进行的革新和升级，同时融合媒体教材的流程设计是当前融合教材的设计思路。2016 年随着国内部分出版单位成立"出版融合发展重点实验室"，融合出版产品相继产生。同年，人民卫生出版社开发出第一套融合教材，实现了从纸质教材向融合教材出版的成功转型。

2. 融合教材建设正逢其时

当下国内各个出版社已顺利完成"转企改制"，出版社需要自负盈亏，面对激烈的市场竞争压力，绝大多数高校出版社发展步伐较为缓慢。身处数字化转型升级的大环境下，高校出版社必须转变思想观念，积极付诸行动进行传统出版物的融合转型升级。

第一，当前党和政府高度重视媒体融合发展。2010 年 8 月，国家新闻出版总署发布了《关于加快我国数字出版产业发展的若干意见》，对我国数字出版业的未来发展进行明确规定："到 2020 年，传统出版单位基本完成数字化转型，其数字化产品和服务的运营份额在总份额中占有明显优势。"2014年8月，中央全面深化改革领导小组第四次会议通过了《关于推动传统媒体和新兴媒体融合发展的指导意见》，将媒介融合发展上升至战略高度。2019年1月，习近平总书记在中共中央政治局第十二次集体学习中提到：要坚持一体化发展方向，加快从相加阶段迈向相融阶段，通过流程优化、平台再造，实现各种媒介资源、生产要素有效整合，实现信息内容、技术应用、平台终端、管理手段共融互通，催化融合质变。高校出版社应该紧密围绕媒体融合发展的主旋律，加强传统教材出版与新兴出版的融合。

第二，行业先行者成功探索引路。2017年9月，北京师范大学出版社出版的数字教材正式上线，其数字教材以基础教育教材为基础，围绕教学目标和教学重点，融合高质量、多维度、可交互的精品学习资源2万多条，为学生提供个性化学习服务，实现了从提供知识内容向提供知识服务转变的发展目标[3]。人民卫生出版社数字教材建设走在同行的前列，在融合教材的应用中，积极搭建数字教材资源库，对教材资源进行结构化整合，把读者从线下转移到了线上网络学习平台，2018年人民卫生出版社完成600多本融合教材，年终累积提升回款1亿元。高等教育出版社通过建设"纸数融合"新形态教材，有效遏制了图书订单的下滑，2018年数字课程收入超过500万元。通过以上案例看出，出版融合产品获得了大量的读者群体，较大程度上提高了出版社的经济收入。高校出版社应积极做好出版融合转型工作，努力开辟出一条符合自身发展的路径。

第三，我国教材市场变化明显。随着我国教育事业和教材管理制度的不断发展与完善，我国教材市场规范化程度逐渐提高，高校教材的内容建设迈向更高层次。近年来，我国教材市场变化较为显著，一是高校课堂教学对于课本的依赖程度越来越低，大多数高校教师采用多媒体课件教学，内容丰富、表现形式多样的多媒体课件对高校课堂教学的影响力正逐步加强。二是教材形态由单一的纸质产品向多媒体复合型产品模式转变，课本知识不仅能够在纸质上呈现，还可以搬到屏幕当中。三是高校学生购买教材的比例持续下降，二手教材、网络版参考教材，甚至盗版教材在实际使用中占有一定比例[4]。以上变化正影响着我国教材产品及教材市场的发展走向，高校出版社应与时俱进，着眼于未来的融合出版物。

第四，新技术助力出版提质增效。随着互联网和人工智能技术快速发展,我国传统出版业数字化转型升级的步伐加快。一方面,5G 技术的来临使得人与物之间的互联更加快速高效,融合教材建设在此基础上拥有较好的技术支撑;另一方面,人工智能技术在传统图书数字化转型中应用更加广泛。

当前大多数出版社在图书编校环节投入了众多人力成本,但图书编校质量仍然不高,如不规范名词、错词、专业术语、单位符号大小写、敏感词、数量检查、连字符、量词正斜体等问题。人工智能技术可以完成一些程度较高的图书检校工作:词汇级检校、基于规则匹配及相似性算法检校、基于深度学习算法检校和基于自然语言技术进行语言层检校。同样,智能排版技术能整理和初排来稿,对文稿进行 XML 全自动结构化排版,同时满足纸书出版、Web 发布、手机发布、图书再版场景的同步发布,与传统排版相比较,智能排版技术能快速排出稿件,大大缩短了排版时间。

二、高校出版社专业类融合教材应用特征

通过分析,本文总结出专业类融合教材的四种应用特征。

1. 资源线上线下相关联

线上数字资源与线下纸质教材相互关联是专业类融合教材最常见的应用方式。此类数字化教材能够将图文声像等多种形式的数字资源进行综合,通过一定的集成技术向用户提供碎片化的知识信息,用户只需要扫描纸质教材中印制的二维码即可实现,满足了用户从线下到线上的多元化学习需求。2014 年 8 月,华东师范大学出版社发布了一款新型专业类数字教辅服务产品——"华师微视",该产品建立在传统纸质教辅之上,对相关资源进行碎片化、微视频化处理后,用户通过扫描纸质教辅中的二维码,即可实现线上数字资源与线下纸质教辅的相互关联。随着数字化技术的快速发展和媒体融合时代的来临,线上线下互联的融合出版已然成了当下绝大多数高校出版社数字化转型的发展模式。

2. 平台支撑按需个性化学习

学生是教材的主要使用对象,其知识结构和学习能力具有个性化特点。

为了满足不同层次的学生需求，形式多样的学习平台与精练的数字化教材内容进行了融合，突破了传统教材的结构设计，学生获得了差异性的学习机会。"智慧树"移动学习终端作为华东师范大学出版社专业类数字化教育平台，实现了用户的按需个性化学习。该学习平台利用终端设备和二维码技术将传统教育内容与云端教学资源进行关联，用户学习时，后台服务系统通过大规模资源数据分析，得出用户的学习特征，并对用户提供个性化的学习建议。华东师范大学出版社搭建的数字化教育平台是数字化教材建设的一种尝试，更是推进传统出版数字化转型的重要实践。

3. 用户立体式学习体验感

VR（虚拟现实）技术和 AR（增强现实）技术在传统纸质教材上的大量运用，一方面使用户对教材难点内容进行沉浸式、立体化学习，从而提高其对知识点的理解；另一方面促进了新型数字化教材的发展。当前该项技术的应用集中在专业类教材和少儿类读物等图书当中，相较于传统纸质教材，附有增强、虚拟技术的融合教材，很大程度上增强了用户的学习体验感。北京交通大学出版社自主研发的"M+BOOK 版"数字化系列教材——《电力机车制动机》就是集 VR 和 AR 技术于一体的数字化产品，用户通过安装手机应用程序，扫描完教材中相关图像后，手机屏幕即可呈现一个三维立体的动画模型。虚拟、增强现实技术在专业类融合教材中应用，打破了传统教材静态的学习模式，使用户获得了更多开放式、协作式的学习机会。

4. 融合产品助力数字化转型升级

教材教辅作为高校出版社收入的主要来源，针对其进行融合创新十分必要。融合教材的优势：一是在内容更新方面，可通过后台实时更新教材内容，减少出版流程中间环节；二是图书内容呈现方面，教材内容以融媒体形式出现，让读者立体化、多维度地把握教材内容；三是交互方面，作者、出版社、读者之间沟通变得更加频繁快捷。

当前华中科技大学出版社为推进国家复合出版系统工程及全社数字化转型升级，积极搭建融合教材平台。其通过与北大方正电子有限公司的技术合作，现初步开发出一套适应融合教材建设的增值服务平台及前端内容生产工具应用软件。融合教材增值服务平台围绕电子教材、增值资源和课程服务三种类型的增值资源，着力于提升出版单位教材竞争力，也为提高学生购买教材比例和打击盗版提供技术服务。前端内容生产工具主要对作者提供的稿件进行智能化编辑，以提高数字化内容生产效率。

三、高校出版社专业类融合教材建设的困境

专业类图书由于受众群体、营销渠道和专业限制等问题，相比大众类图书的发行量不会太高，但专业类图书作为高校出版社图书出版重要的组成部分，其出版价值不可忽视。在数字技术与传统教材融合发展的背景下，融合教材的建设一定程度上能促进高校出版社专业类图书发行量的上升，降低用户对专业类教材的使用门槛。与此同时，高校出版社专业类融合教材建设也面临一系列挑战。

1. 教材内容缺乏特色

当前，高校出版社融合教材建设只是单方面地把纸质教材内容呈现出来，缺乏对数字化内容资源的深入挖掘和有效整合，融合教材实质性建设程度不高。

对于融合教材来说，传统教材的内容资源是其重要的基础保障，高校出版社在融合教材的内容资源建设上面临较大的挑战。在来稿质量方面，随着作者资源队伍的逐步壮大，高校出版社教材资源投稿量越来越大，但有特色的内容资源并不多见，大部分教材创作角度不够新颖，教材内容同质化现象严重。在作者资源队伍方面，高校出版社有实力、有名气的作者数量不多，出版的教材市场竞争力较弱。

2. 编辑工作习惯难以改变

数字化时代，编辑作为数字教材内容的设计者和新技术应用的实践者，应积极适应数字化图书生产流程，但实际情况并不乐观。

一是电屏审稿局限。电子屏幕审阅文稿，虽然能够在一定程度上节约生产成本、降低资源消耗，但电屏阅读相比纸质阅读更加费眼费神，编辑不愿意长时间使用电屏审阅数字内容资源，很大程度上影响了传统教材内容资源的数字化整合。二是系统程序限制。要实现传统教材的融合转型，

需要依托计算机程序来完成。编辑使用新工具对教材内容进行数字化加工时，由于受到计算机逻辑程序的限制，编辑在数字化图书加工过程中不能灵活处理遇到的相关问题，相较易上手、灵活度高的传统图书生产加工方式，编辑难以在短时间内适应新的数字化生产流程。

3. 生产工具智能化程度不高

人工智能技术给传统教材的融合发展带来巨大变革的同时，也产生了一些实质性问题。编辑利用新工具对传统教材进行数字化加工后，出现了电子文档兼容性差、图片导出标准不统一、同类型资源整合程度差等问题，严重影响了数字化资源的有效产出。生产工具智能化程度不高，无法保障传统教材内容资源的二次性开发，很大程度上限制了传统教材内容与数字化技术的结合。

4. 数字化人才资源匮乏

融合教材的建设离不开传统编辑和数字编辑的分工协作。数字编辑根据图书编辑的策划思路与要求对接作者，协助作者进行拟配套教材数字内容的知识点选取工作，同时配合策划编辑对教材的数字内容导向、知识准确度、形式是否恰当、成本质量及进度进行把控。

数字编辑在融合教材的创作中扮演着重要的角色。当前大多数高校出版社数字编辑缺乏，需要数字编辑参与的工作，很多是由传统编辑和技术部门相关员工共同完成，这样既额外加重了员工的工作负担，破坏了企业的分工机制，一定程度上也不能保证产品的质量。融合教材建设不仅需要配置智能化的生产工具及高效便捷的教材融合平台，数字化人才资源的引进也需要跟进。

四、提升专业类融合教材建设的措施

融合教材建设对于高校出版社来说，不仅促进了图书生产的融合转型升级，还能提高企业利润、增加编辑收入。针对高校出版社专业类融合教材建设中面临的困境，笔者从教材本身、编辑观念、技术手段三个角度进行阐述。

1. 挖掘优质作者资源，提高教材内容质量

高校出版社应加强与高等院校的联系，高校教师作为专业类教材的使用者和教学模式的参与者，对教材内容的把握更加到位。出版社通过与高等院校一流专业学科的专家、教授合作，共同打造出具有特色的教材内容资源。此外，出版社的策划编辑应加强对教材选题的把控力度，避免同类型教材的重复出版，对内容质量高、发行量大的已出版教材进行二次加工。

引进优质创作人员，提升教材内容质量，很大程度上是为了出版有优势、有市场竞争力的教材。对于任何出版社来说，无论何种形式的出版，具有知识性和思想性的内容才是人类文化得以积累与传承的基础。高校出版社应重视教材内容建设，充分挖掘有特点的出版内容资源，建设以纸质教材为基础，优势教材内容为抓手，走线上内容增值、线下用户服务的融合教材出版新模式。

2. 转变编辑生产观念，培养复合型数字化人才

媒体融合时代，编辑不仅要做好传统图书的出版，更要具备融合创新思维。传统编辑不仅是教材内容质量的把关者，更是教材内容的策划者，融合时代下传统编辑要紧贴行业发展前沿，秉承互联网思维，积极转变传统图书生产观念。

为了使编辑尽快地转变传统教材生产观念，适应数字化图书生产流程，高校出版社一方面要更新编辑的硬件设备，解决因设备局限引发的编辑使用数字化生产工具生产传统教材的不适应问题；另一方面要调整薪酬评价体制，可参照出版 1 本融合教材获利 3 元的计酬方式考评编辑，从而提高编辑的数字化生产积极性。

在壮大数字化人才队伍方面，一是出版社可通过开展相关业务培训，培养出一批集传统图书生产和数字业务于一体的编辑人才；二是留住一批真正"懂出版、懂内容、懂技术、会运营、会创新"的复合型人才，以复合型资源配合传统图书生产的出版融合模式，推动高校出版社的数字化转型升级。

3. 借助外部资金和技术，推动出版转型融合发展

高校出版社由于生产规模小、利润薄、地方财政扶持力度低等原因，在进行出版融合转型过程中缺乏资金支持。当前，大多数高校出版社也在尝试搭建各种生产平台，推进数字化转型升级，但真正实现盈利的较少。针对此问题，高校出版社可通过寻求国家和地方文化产业发展专项资金获得支持。例如，2018年华中科技大学出版社中标"国家数字复合出版系统工程——出版数字化流程创新"示范包，出版社通过国家文化产业专项资金，很大程度上促进了数字化转型升级工作在全社的开展。

就生产工具智能化程度不高，影响传统教材数字化正常生产的问题，出版社需要加大与相关技术开发单位的合作力度。双方可通过定期开展交流会，共同探讨生产工具在使用过程中出现的问题及后期版本的修改方案。出版社在实现数字化转型升级、出版融合创新过程中，需要借助生产工具来完成，因此工具的智能化需要更高的标准。

五、结语

出版融合时代，融合教材建设应受到特别关注，这也是高校出版社实现数字化转型升级的重要前进方向。高校出版社应充分把握出版融合的大浪潮，加强与技术开发商的合作力度，通过先进的出版技术推动传统教材的融合转型。高校出版社要有充足的信心，以开放的心态面向市场，以积极的态度拥抱技术迭代，以多元的思路探索传统教材到融合教材的变现模式，走出一条适合高校出版社传统教材与数字教材融合共赢的出版路径。

参考文献

[1] 段博原. 媒介融合下高校立体化教材的转型升级[J]. 现代出版, 2015(1):33-34.

[2] 姚贵平. 融合媒体教材的基本内涵、主要特点与出版策略[J]. 中国编辑, 2018(3):54.

[3] 中国新闻出版广电网. 北师大版数字教材正式上线[J]. 新闻知识, 2017(10):7.

[4] 董琦. 科技发展和教育改革, 高校教材如何应对[N]. 中国出版传媒商报, 2019(4):2.